致力于中国人的教育改革与文化重建

立品图书·自觉·觉他
www.tobebooks.net
出品

《四书遇》导读

张岱讲《论语》·下

[明]张岱 著
冯宁宁 译

中国文联出版社
http://www.clapnet.cn

【先进第十一】

《论语》原典·先进章

子曰:"先进于礼乐,野人也;后进于礼乐,君子也。如用之,则吾从先进。"

译文 孔子说:"先辈之于礼乐,文质得宜,现在的人却认为先辈太过于质朴,像野人一样;后辈之于礼乐,文过其质,现在的人反而认为这样才是君子。如果要用礼乐的话,我遵从先辈之礼乐。"

♡ 张岱

朋友圈纵横谈(■为原文)

张岱

> 后辈对于礼乐,只求看起来美观,因此增加了很多繁文缛节。所以看到先辈礼乐的朴素浑厚,反而鄙视他们像野人。就像近来的冠礼、婚礼、丧礼、祭祀,稍微沿用古代的礼仪,人们都会嘲笑。如果不是圣人像中流砥柱一样坚持,怎么会愿意用古礼呢?
>
> 现在看孔庙祭祀所用的礼乐:黉俘、土鼓、笾豆、铏都很精美。与那个时候的制度有天壤之别,就可以看出后辈、先辈风气的不同。
>
> ■ 后进之于礼乐,只求观美,繁文缛节不知增入几许。故见先辈之朴素浑厚,反鄙为野人。如近

> 时之冠婚丧祭，稍用古仪，人皆讪笑。非圣人砥柱中流，如何肯用？
>
> 今观孔子庙祭所用礼乐：蕢桴土鼓笾豆铏羹。与近时制度相去天壤，便见后先风气。

《论语》原典·陈蔡章

子曰："从我于陈、蔡者，皆不及门也。" 德行：颜渊、闵子骞、冉伯牛、仲弓。言语：宰我、子贡。政事：冉有、季路。文学：子游、子夏。

译文　孔子说："曾跟随我去过陈国、蔡国这些地方的学生，现在都不在我身边受教了。"以德行见称的有：颜渊、闵子骞、冉伯牛、仲弓。善于辞令的有：宰我、子贡。擅长政事的有：冉有、季路。通晓文献知识的有：子游、子夏。

♡　张岱　徐玄扈

朋友圈纵横谈（▬为原文）

徐玄扈

> 尧舜时期有君臣，成周时期有父子。孔夫子在陈、蔡两国之间遭遇祸患的时候有师生朋友，都是千古传奇的相会。

■ 徐玄扈曰：唐虞之际有君臣，成周之间有父子。夫子陈蔡之厄，有师友，皆千古奇会。

张岱

楚昭王想将有户籍的民社方圆七百里地封给孔子。楚国令尹子西劝阻他说："大王出使诸侯的使者有像子贡这样的吗？"昭王说："没有。"令尹子西说："大王的宰辅国相有像颜回这样的吗？"昭王说，"没有。"令尹子西说："大王的将帅有像子路这样的吗？"昭王说："没有。"令尹子西说："大王的各部长官有像宰予这样的吗？"昭王说："没有。"令尹子西说："况且楚国的祖先在周受封时，名号为子男，封地方圆五十里。如今孔丘祖述三皇五帝的法度，彰明周公、召公的事业，大王倘若任用他，那楚国还怎么能世世代代拥有堂堂正正方圆几千里之地呢！周文王在丰京，周武王在镐京，从只有百里之地的君主最终统一天下。如今孔丘得以占据封地，有贤能的子弟作为辅佐，这不是楚国之福啊。"楚昭王于是作罢。孔子门下人才众多，盛极一时，并不比周朝时少，先后使疏远者亲附，世人怎么会不以惊恐的眼光看待他呢？

■ 楚昭王将以书社地七百里封孔子。子西沮之曰："王之使使诸侯，有如子贡者乎？"曰："无有。""王之辅相，有如颜回者乎？"曰："无有。""王之将率，有如

《四书遇》导读

> 子路者乎?"曰:"无有。""王之官尹,有如宰予者乎?"曰:"无有。""且楚之祖封于周,号为子男五十里。今孔丘述三王之法,明周、召之业,王若用之,则楚安得世世堂堂方数千里乎?夫文王在丰,武王在镐,百里之君,卒王天下。今孔丘得据土壤,贤弟子为佐,非楚之福也!"昭王乃止。圣门一时人材济济,原不减周时,先后疏附,世人那得不骇目视之?

《论语》原典·助我章

子曰:"回也非助我者也,于吾言无所不说。"

译文　孔子说:"颜回不是对我讲学有帮助的人,他对我说的话没有不心悦诚服的。"

♡　张岱　张侗初　王阳明

朋友圈纵横谈(▬为原文)

张侗初

镜子和镜子相合,两个影子相互包含;火和火相合,一种光芒一起照耀。弃绝相对的东西,就没有什么需要讨论的了。颜回,喜欢的不是语言,孔子也是通过无言来言说。留下言语而没有言语,是传承,又有什么助益呢?

📖 张侗初曰:镜合镜,两影相涵;火合火,一光齐照。绝对待,则无议拟矣。回也,悦不在言,夫子亦言于无言。遗言而无言者,传也,又何助哉?

王阳明

圣人期望弟子们能够"有所助益",也是实话。因为道本来是无穷无尽的,质疑诘问越多,道的精神越能显发。圣人的语言,本来就是全面的,但是如果有质疑诘问的人,圣人被他一诘难,发挥得更加明确,难道不是"助"?颜回没有什么是不喜欢的,既然没有质疑诘问,那么即便是圣人也会静止不动,没有什么可发挥的了。所以说颜回"非助我者也"。

📖 王阳明曰:圣人以"助"望门人,亦是实话。盖道本无穷尽,问难愈多,则精神愈显。圣人的言语,本自周遍,但有问难的人,被他一难,发挥愈加精神,岂不是"助"?颜子无所不悦,既无问难,即圣人亦寂然不动,无所发挥了。故曰"非助我者也"。

《四书遇》导读

《论语》原典·孝哉章

子曰:"孝哉闵子骞!人不间于其父母昆弟之言。"

译文　孔子说:"真是孝顺呀,闵子骞!人们对他的称赞与他父母兄弟对他的称赞,没有什么差异。"

♡　张岱　李衷一　袁了凡

朋友圈纵横谈(▨ 为原文)

李衷一

按照《韩诗外传》记载闵子骞被后母虐待,冬天用芦花做的棉衣给他穿。父亲知道之后,想要休掉他的后母。闵子骞说:"后母在,我一个人受冻;后母离开,三个孩子都要穿单衣。"父亲于是就作罢了。闵子骞不受后母和弟弟的喜欢。外人都知道闵子骞的孝顺。等到后来他的后母和弟弟被他感化,也称赞闵子骞的孝顺,外人所说的话和他后母、弟弟所说的话,没有差别。闵子骞的难得之处,在于让他的后母和弟弟都称赞他的孝顺。

▨ 李衷一曰:按《韩诗外传》闵子为后母所苦,冬月以芦花衣之。父知,欲出后母。闵子曰:"母在,一子寒;母去,三子单。"遂止。闵子不得于其母与弟也。外人皆知其孝。迨后其母与弟为其所化,亦皆称闵子之孝,外人之言与父母昆弟之言,无间矣。盖闵子之难,难于母昆弟称之为孝耳。

袁了凡

孔门弟子没有称呼字的,这里却独独说"孝哉闵子骞!"是因为内外向来都有这个称呼。如果说:"孝哉闵子骞!人不间于其父母昆弟之言。"下一句的"言"字正好相互呼应。

▇ 袁了凡曰:孔门弟子无称字者,此独曰"孝哉闵子骞!"乃内外素有是称也。若曰:"孝哉闵子骞!人不间于其父母昆弟之言。"下句"言"字正相应。

张岱

我常常说作为帝王的舜,虽然是千古以来的大孝子,但却多了"父顽母嚚"几个字的记载。闵子骞的孝顺,正是让人们并不知道我是怎么做的,这才使得人们都没有什么非议。

▇ 余常论帝舜,虽千古大孝,却多了"父顽母嚚"二字。闵子之孝,政使人并不知我何如孝?方是人无间言。

《论语》原典·白圭章

南容三复白圭,孔子以其兄之子妻之。

译文　南容反复诵读白圭之诗,孔子把侄女嫁给了他。

♡ 张岱

朋友圈纵横谈(▮为原文)

张岱

　　南容最初因为富有而得罪了鲁定公。孔子说:"与其死,还不如赶快变穷好。"南容因此将自己的财富施散出去了。等到南容和孔子一起去周国都城,听老子说:"聪明、洞察深刻而离死不远的人,喜欢讽刺、议论别人;见识广博高远而招致危险的人,喜欢揭发别人恶行"。然后就反复诵读白圭之诗。

　　孔子进入太庙,见到金属人像身上刻的铭文而悟出了谨慎说话的道理,和这里的意思是相同的。

　　▮南容初以富得罪于定公。夫子曰:"丧,不如速贫之愈也。"容因之而散施。及从夫子至周,闻老子曰:"聪明深察而近于死者,好讥议人者也;博辨宏远而危其身者,好发人之恶者也。"遂

> 三复白圭。
>
> 孔子入太庙，见金人铭而悟慎言，与之同意。

《论语》原典 · 好学章

季康子问："弟子孰为好学？"孔子对曰："有颜回者好学，不幸短命死矣。今也则亡。"

译文　季康子问："你的学生之中谁是好学的人？"孔子回答说："有一个叫颜回的学生非常好学，不幸短命去世了。现在再也没有那么好学的了。"

♡ 张岱

朋友圈纵横谈（▰为原文）

张岱

> 隐藏自己的光辉，箪瓢屡空居住在简陋的巷子。顺应时机而出来，以礼乐来治理国家。颜回没有当过一次官，没人责备他没有事业；没有写一部书，也没人责备他没有文章。说到身心性命所安顿的地方，不在外部的种种事情上。所以说：颜回很好学，现在就没有好学的人了。颜回去世，圣人的学问断绝了。

> 韬光而藏，箪瓢陋巷。应机而出，礼乐为邦。颜子不试一官，不病其缺于事业；不著一书，不病其缺于文章。若谭性命安顿处，不在外边种种之事。故曰：回也好学，今也则亡。颜子死，而圣人之学绝。

《论语》原典·请椁章

颜渊死，颜路请子之车以为之椁。子曰："才不才，亦各言其子也。鲤也死，有棺而无椁，吾不徒行以为之椁。以吾从大夫之后，不可徒行也。"

译文　颜渊死了，他的父亲颜路请求孔子卖掉车子给颜渊买个棺材的外椁。孔子说："有才或无才，但都是各自的儿子。孔鲤死的时候，也是有棺而无椁，我没有卖掉自己的车子徒步行走而给他买椁。因为我毕竟还做过大夫，是不可以步行出门的。"

♡ 张岱

朋友圈纵横谈（▮为原文）

张岱

旅馆中的人办丧事的时候，孔子解下驾车的骖马作丧礼；颜回去世了，却不肯为他买椁，孔子难道是如此冷漠无情吗？曾子曾经病倒在皮革做的席子上,弟子说:"华丽而美好,是大夫专用的席子吗?"曾子马上起身将席子换掉,并且说:"君子爱人以德,你们却通过姑息纵然来爱人。"这正好可以和此章相互参照。

馆人之丧,不难脱骖;颜子之死,不肯买椁,夫子岂如此悋然?曾子疾革,门人曰:"华而睆,大夫之箦与"?曾子遽起易之,且曰:"君子之爱人也以德;二三子之爱人也以姑息。"正于此章可参。

张岱

"以吾从大夫之后,不可徒行"。孔鲤和颜回的身份都不是大夫,本来就应该只有棺而没有椁,这正是其中道理相契合的地方。

"以吾从大夫之后,不可徒行"。鲤与颜回身不为大夫,自应有棺而无椁,政是其机锋相对处。

《论语》原典·丧予章

颜渊死。子曰:"噫!天丧予!天丧予!"

译文　颜渊死了,孔子说:"唉!天要亡我啊!天要亡我啊!"

♡　张岱　李贽峒

朋友圈纵横谈（▨ 为原文）

 李贽峒

> 不只是哀悼自己的学问传承，也是预见到了王道将废。凡是有王者兴起的时候，上天一定会给予他一个辅佐者。孟子所说的"这期间一定会有闻名于世的人"。所以伯益、后稷辅佐禹，伊尹、朱肱辅佐商汤，姜吕辅佐周文王、周武王。上天要想厚生他，即便是在鸟水、牛巷、空桑、寂滨也必定会成全他，并且会降生贤能之人充实他的左右。孔门的王佐之才只有颜回一个人，现在早早夭亡，不是天要丧灭我是谁要亡我呢？
>
> ▨ 李贽峒曰：非止悼传，亦以占废也。凡王之兴，天必与之佐。孟子所谓"其间必有名世者"。故益稷佐禹、伊朱佐汤、吕佐文武。天豫生之，虽鸟水、牛巷、空桑、寂滨必成全之、而实之王侧。夫圣门王佐，止颜子一人，今也早死，不天丧予而谁丧哉？

《论语》原典·子恸章

颜渊死，子哭之恸。从者曰："子恸矣！"曰："有恸乎？非夫人之为恸而谁为？"

译文 颜渊死后,孔子哭得极其悲痛。跟随孔子的人说:"您悲痛过度了!"孔子说:"我悲伤过度了吗?我不为这个人悲伤过度,又为谁呢?"

♡ 张岱 王宇泰

朋友圈纵横谈(▮为原文)

王宇泰

> 应该极度悲哀而极度悲哀,是哀伤的情感合乎中庸之道的表达;然而自己并不知道自己极度悲痛了,则完全是感情尚未发出的中和状态。所以说,居丧哀毁,但不应因此丧失性命。
>
> ▮王宇泰曰:宜恸而恸,是哀之发而中节也,然而不自知其恸,则浑然未发之中也。故曰毁不灭性。

《论语》原典·厚葬章

颜渊死,门人欲厚葬之。子曰:"不可。"门人厚葬之。子曰:"回也视予犹父也,予不得视犹子也。非我也,夫二三子也。"

译文 颜渊死后,孔子的弟子们想要厚葬他。孔子说:"不可以这样做。"弟子们仍然厚葬了他。孔子说:"颜回把我当父亲一样看待,我却不能把他当亲生儿子一样看待。不是我要这么做啊,是那些弟子们干的呀。"

♡ 张岱

朋友圈纵横谈(▮为原文)

张岱

> 有人问:颜回去世,孔夫子为什么要阻止弟子们厚葬他?答案是:哪里仅仅是阻止啊,是感到非常悲伤。曾子临死之时,命令人扶起自己而更换了应该躺的席子,说:"我有什么要求呢?我能够死得合于正理,就够了!"大圣大贤,处于死生之际就应该是这样的。
>
> ▮ 问:颜子死,夫子何以止门人之厚葬?曰:岂惟止之哉,盖伤之甚焉。曾子临终,命扶而易箦,曰:"吾何求哉?吾得正而毙焉,斯已矣!"夫大圣大贤,其处死生之际乃如此。

张岱讲《论语》·先进第十一

《论语》原典·鬼神章

季路问事鬼神。子曰:"未能事人,焉能事鬼?"曰:"敢问死。"曰:"未知生,焉知死?"

译文 季路问如何去侍奉鬼神。孔子说:"还没能侍奉好人,怎么能侍奉鬼呢?"季路说:"请问死是怎么回事?"孔子回答:"还不知道活着的道理,哪能知道死呢?"

♡ 张岱

朋友圈纵横谈(▇为原文)

张岱

萧惠向王阳明先生请教死生大道。王阳明说:"知道昼夜就知道死生了。" 萧惠又问昼夜的大道。王阳明说:"知道昼就知道夜了。" 萧惠说:"难道白天也有什么不知道的吗?"王阳明说:"你在白天的时候,如果懵懵懂懂地起床,乱七八糟地吃饭,整天昏昏沉沉,只是像梦里一样的白天;只有每时每秒都有所存养,天理一直存于心间,时刻都是清醒的,这才算是知道白天。"

▇ 萧惠问死生之道。阳明曰:"知昼夜则知死生。"问昼夜之道。曰:"知昼则知夜。"曰:"昼亦有所不知乎?"曰:"汝于旦昼间,懵懵而

441

> 兴，蠢蠢而食，终日昏昏，只是梦昼；唯息有养，瞬有存，天理常存，惺惺无间，才是知昼。"

《论语》原典·侍侧章

闵子侍侧，訚訚如也；子路，行行如也；冉有、子贡，侃侃如也。子乐。"若由也，不得其死然。"

译文　闵子骞侍立在孔子身旁，一派中和气象；子路是一派刚强之气；冉有、子贡是一派和乐之气。孔子很开心。但孔子又说："像仲由这样，我只怕他会不保天年啊！"

♡ 张岱

朋友圈纵横谈（▨为原文）

张岱

> 众多贤人都是能担大道的人才，所以高明、宽宏、坚毅，超出寻常、与众不同，孔夫子的喜悦，正是为大道感到幸运。弟子将这些记录下来，就是一篇杏坛雅集的图记，将圣贤的乐于化育的气象，一笔一笔地描绘出来。我家先辈张栻说：孔悝被劫持，子路为此而死，为什么说不是死得其所呢？因为他开始选择得就不对，像比干这样的可以说是死

张岱讲《论语》·先进第十一

得其所了。然而如果有人为了求生而伤害了仁道，说他活得不得其正也是可以的。

▉ 群贤皆任道之器，故高明弘毅，卓荦不群，夫子之乐，政为吾道幸耳。门人记之，是一篇杏坛雅集图记，将圣贤乐育气象，笔笔描出。家南轩曰：孔悝被劫，子路死之，何谓不得其死？始择之不善，若比干可谓得其死矣！然则求生害仁者，谓之不得其生可也。

张岱

"子乐"，只是就目前弟子们相聚一堂时的情况而说的。中正的人、和乐的人、刚强的人，就有可以喜悦的，刚开始并不特意想着他们之间的差别。万物自得而天心欢喜，子孙贤德而祖父心宁，群才汇聚而圣人喜悦。

▉ "子乐"，只就目前相聚一堂。訚訚者、侃侃者、行行者、便有可乐，初不着意念其间也。万宝成而天心豫，子孙贤而祖父宁，群才汇而圣人喜。

《四书遇》导读

《论语》原典·长府章

鲁人为长府。闵子骞曰:"仍旧贯,如之何?何必改作?"子曰:"夫人不言,言必有中。"

译文 鲁人要翻修国库。闵子骞道:"照老样子怎么样?何必改建呢?"孔子说:"这个人不开口则已,一开口就说到要害上。"

♡ 张岱 沈无回

朋友圈纵横谈(▬为原文)

张岱

长府,就是国库。为什么要这么做呢?这是将要增加赋税,所以要增加国库的容量。他所说的鲁人是指谁呢?那个时候政权不在国君手中,而是在鲁国卿大夫孟孙氏、叔孙氏和季孙氏这三家手中,所以贱称他们为"鲁人"。

▬ 长府者,帑藏也。曷为为之?将益其赋,故广其藏也。其曰鲁人者何?是时政不在君,而出于三家,故贱而人之也。

沈无回

凡是腐败的政治要出现的时候，都是有微小的苗头的，而如果还没有明显的形迹，君子说得太早了，攻击得太尖锐了，不仅不足以制止他们，反而会刺激他们去实行。闵子骞不斥责整改国库是不对的，而是退一步说之前的样子不必改。孔夫子也没有从深处去说明闵子骞的意图，而是退一步说他说话一定是中肯的。老练成熟地为国谋划、计深虑远原本就是这个样子的。

沈无回曰：凡敝政之兴，有其几，而未有其形者，君子言之太早，攻之太锐，不足以止之，反激之使行。闵子不斥改长府之非，而第言旧贯之不必改。夫子亦不必深言闵子之意，而第言夫人之有言必中。老成谋国，忧深虑危固如此。

《论语》原典·由瑟章

子曰："由之瑟，奚为于丘之门？"门人不敬子路。子曰："由也升堂矣，未入于室也。"

译文　孔子说："这是仲由鼓瑟的声音。他为什么会出自我的门下呀？"孔子的弟子们因此都不尊敬子路。孔子又说："仲由啊，他在学习上已经达到升堂的程度了，只是还没有入室罢了。"

♡　张岱　舒碣石

朋友圈纵横谈（▮为原文）

张岱

孔夫子说出升堂入室这样的话来，那么这一类的弟子，分明还是尚在门外没有入门之人。孔子前面说"丘之门"，就是卓然独立在崖岸。

▮ 夫子说出升堂入室来，则这辈门人，分明是门外之人矣。前言丘之门，便自立崖岸。

 ### 舒碣石

孔夫子将瑟分辨为仲由的瑟，将门称为孔丘的门，只用了"由""丘"两个字相对照，不必增添进去"北鄙""中和"等话语（指朱熹《四书集注》）。"奚为"两个字，是诘问他的声音从哪里来，让仲由自己去领悟。本来就是警醒的语句，而不是鄙薄的意思。

▮ 舒碣石曰：夫子别其瑟为由之瑟，峻其门为丘之门，只以"由"字、"丘"字相照，不必增入"北鄙""中和"等语。"奚为"二字，乃诘其声音之所自来，使由知所自悟。原是警省语，不是鄙薄语。

张岱

《孔子家语》记载：子路鼓瑟有北方之乐的声音。孔子听到了，对冉有说："古代贤明的君王制作音乐，弹奏中和之音加以节制，声音从南方流入而不流向北方。南方，是生育万物的地方；北方，是征战厮杀的区域。从前舜制作了《南风》之诗的乐曲，他的兴起是蓬勃的。商纣王制作了北方的乐曲，他的灭亡是迅速的。仲由啊，对古代贤王的音乐不在意，而学习亡国之音乐，怎么能保全他自己的身体呢！"冉求将这些话告诉了子路。子路心生悔意，七天不吃饭而将自己饿得形销骨立。孔子说："仲由知道改正过错啊。"

《家语》曰：子路鼓瑟，有北鄙之声。孔子闻之，谓冉求曰："先王之制音也，奏中声以为之节流，入于南必归于北。南者，生育之乡；北者，杀伐之域。昔舜造南风之声，其兴也勃焉。纣为北鄙之声，其亡也忽焉。由也，无意先王之制，而习夫亡国之声，岂能保其七尺之躯哉！"冉有以告子路。子路自悔，不食七日而骨立焉。孔子曰："由知改过矣。"

《四书遇》导读

《论语》原典·孰贤章

子贡问:"师与商也孰贤?"子曰:"师也过,商也不及。"曰:"然则师愈与?"子曰:"过犹不及。"

译文 子贡问孔子:"子张和子夏谁更贤良一些呢?"孔子回答说:"子张过度,子夏不足。"子贡说:"那么是子张更好一些吗?"孔子说:"过度和不足是一样的。"

♡ 张岱 钱岳阳

朋友圈纵横谈(▮为原文)

张岱

言语之中暗藏着一个"中"字,然而没有说破。

▮ 语下暗暗有一"中"字,然"中"字却未说破。

 钱岳阳

文章没有过头的毛病,只有不及的毛病,过火的地方,其实正是他不及的地方。

▮ 钱岳阳曰:"文章无过火病,只有不及病,其过火处,政是他不及处也。"

张岱讲《论语》·先进第十一

《论语》原典·吾徒章

季氏富于周公,而求也为之聚敛而附益之。子曰:"非吾徒也。小子鸣鼓而攻之可也。"

译文 季氏比周公还要富有,而冉求还帮他聚敛以增加他的钱财。孔子说:"他不是我的学生了,你们都可以击鼓去讨伐他了!"

♡ 张岱 孙淮海

朋友圈纵横谈(▇为原文)

张岱

周公从来没有以富有闻名,说"富于周公",是记录者的不满之词。季氏搜刮鲁公财产供自己使用,渐渐有覆灭鲁国的势头,所以说"富于周公"。

▇周公未尝以富名,而曰"富于周公"者,记者之微词也。季氏掊克公家以自封殖,渐有倾鲁之势,故曰"富于周公"。

 孙淮海

冉有聚敛财物,不是用后世那样苛敛民财的方式。只是因为他的学术不够精纯,刚去做季氏的家

449

臣，就开始施展处理政事的才能，以为自己所处的职位就应该做这些事情。他不知道季氏并不是可以依附、襄助之人。不仅因为季氏比周公富有，即便他不富有，也是不可以依附襄助的。所以孔夫子严厉地责备他。

🏷 孙淮海曰：冉有聚敛，非如后世箕敛之法。只缘他学术未纯，才仕季氏，便以政事之才施之，即为处置调度，以为职分当如此。不知季氏非可附益之人。不但富于周公，不可附益；虽不富，亦不可附益也。故夫子深责之。

张岱

提出"吾徒"两个字，令人觉得桐江之上严子陵的一丝清正之风，真的可以维系汉朝之天下。

🏷 揭出"吾徒"二字，觉桐江一丝，真可系汉九鼎。

《论语》原典·柴也章

柴也愚，参也鲁，师也辟，由也喭。

译文　高柴愚直，曾参鲁钝，颛孙师偏激，仲由跋扈。

♡ 张岱

朋友圈纵横谈（为原文）

张岱

> 四个"也"字，孔子呼唤着他们的名字，包含着多少对他们的重视和爱惜啊！
>
> 曾子确实是"鲁"。后来的人见他的地位高，就只顾着维护他，说"参之鲁"就相当于"回之愚"。他们不知道孔子当时是将"柴也愚""师也辟"相提并论的，分明就是指"鲁"。明确说曾子"鲁"又有什么损伤呢？这才足以说明他的学力深厚，能够通过学习成为圣人。天下的学者，差不多都能由他而知道砥砺精进吧。
>
> 四"也"字，圣人呼名，多少珍重，多少爱惜！
>
> 曾子真实是"鲁"。后人见他后来地位高，只管为之回护，谓"参之鲁"，犹"回之愚"。不知圣人当时以"柴也愚""师也辟"并论，分明是"鲁"矣。分明说是"鲁"，亦何伤？适足以显其学力之勇，能由学以至圣，而天下之学者，庶乎知所励也。

《四书遇》导读

《论语》原典·屡空章

子曰:"回也其庶乎?屡空。赐不受命,而货殖焉,亿则屡中。"

译文　孔子说:"颜回的学问接近于道了吧?可是他常常贫困。端木赐没有受公家之命而去经营买卖,猜测行情,往往猜中了。"

♡ 张岱

朋友圈纵横谈(▊为原文)

张岱

　　道就像是一个倒着放的盂,里面本来是空无一物的,给人来猜里面有什么,他也许用物来举例,也许就说没有,说没有,不是不对,然而却多了一回猜度,不如明白本来就是空的人沉默不语。但是既然已经料到里面是没有东西的,一打开就是了,所以孔子门下接近颜回的人,是子贡。

　　颜回从"庶乎"说到"屡空",是从内部来说的。子贡从"货殖"说到"屡中"是从外向里说的。这是颜回和子贡的优劣。

　　▊道如覆盂,本空无有,以示射者,或举诸物,或言无有,即言无有,未尝不中,然多却一射,不若明了本空者,默然无言。但既料得无有,

张岱讲《论语》·先进第十一

一发覆便是,故圣门近回者,赐也。

回,自"庶乎"说到"屡空",自内说出。赐,自"货殖"说到"屡中"自外说入。此是回、赐优劣。

《论语》原典·善人章

子张问善人之道。子曰:"不践迹,亦不入于室。"

译文　子张问做善人的规则。孔子说:"善人不踏着前人的脚印走,但他的学问和修养也因此不到家。"

♡ 张岱

朋友圈纵横谈（▨ 为原文）

张岱

一直以来用印版印出来的、由模子脱出来的,都不是神明的妙用。善人率性地发挥,不依照典籍,不依靠途径,难道不是天资一流的人吗？玄妙的事理,本来是通过不断深入精微境界来获得的,这个时候的火候,是很难说的,所以关键在于天资和人为的努力二者兼备。

▨ 从来印板刷来,模子脱出,不是神明妙用。

> 善人凭性地发挥,不依典要,不傍程途,岂非天资第一流人乎?神而明之,本由深造,此际火候,盖难言之,所以天分人工,要在兼到。

《论语》原典·论笃章

子曰:"论笃是与,君子者乎?色庄者乎?"

译文　孔子说:"听到人议论笃实诚恳就表示赞许,哪里知道他是真君子呢,还是仅仅是外貌伪装得庄重的人呢?"

♡ 张岱

朋友圈纵横谈(▧为原文)

张岱

> "论笃"的人中未尝没有君子。"者乎"两个字,正是隐约拷问内心的语气。不完全否认君子,那么存疑的事情反而是确定的事情。
>
> 奸诈虚伪的人,说话一定是听上去恳切柔和、笃实真挚的,这样别人才会觉得动听。
>
> ▧ "论笃"中未始无君子。"者乎"二字,政是隐隐问心的语气。不抹杀君子,则疑案反是定案。
>
> 诈伪之人,其发言必恳款笃挚,人方动听。

《论语》原典·兼人章

子路问:"闻斯行诸?"子曰:"有父兄在,如之何其闻斯行之?"冉有问:"闻斯行诸?"子曰:"闻斯行之。"公西华曰:"由也问'闻斯行诸',子曰:'有父兄在',求也问'闻斯行诸',子曰:'闻斯行之'。赤也惑,敢问。"子曰:"求也退,故进之;由也兼人,故退之。"

译文 子路问:"听到了就付诸行动吗?"孔子说:"还有父兄在上,怎么能听到就行动呢?"冉有问:"听到了就付诸行动吗?"孔子说:"听到了就行动起来。"公西华说:"仲由问'听到了就付诸行动吗?'您回答'有父兄在上',冉求问'听到了就付诸行动吗?'您回答'听到了就行动起来'。我很困惑,敢再问个明白。"孔子说:"冉求总是退缩,所以我鼓励他;仲由好勇过人,所以我劝阻他。"

♡ 张岱

朋友圈纵横谈(▬为原文)

张岱

> 对待骏马注意收缰,对待驽马注重鞭策,都可以看到圣人的驾驭之道。
>
> 叙述陈述,语意生动,可以看出记录者的高妙笔法。
>
> ▬骏马收缰,驽马加策,总见圣人驾驭之法。
> 一叙一述,语意宛然,见记者手笔之妙。

张岱

> 学问只有进步的方法,没有后退的方法。我观察到射箭将弓拉满将要发射的时候,向下一拉,能将箭射得更远。向后退恰是为了前进,人们不可不知。
>
> 📖 学问止有进法,更无退法。余观射至彀满纵送时,向下一煞,其去愈远。退之适所以进之也。人不可不知。

《论语》原典·畏匡章

子畏于匡,颜渊后。子曰:"吾以女为死矣。"曰:"子在,回何敢死?"

译文 孔子在匡地被围困,颜渊最后才逃出来。孔子说:"我以为你死了呢。"颜渊说:"您还活着,我怎么敢死呢?"

♡ 张岱 姚承庵

朋友圈纵横谈（▍为原文）

姚承庵

> "匡人其如予何？"孔夫子知道天意，自己不会死在匡人的手上。"子在，回何敢死？"颜回知道孔夫子不会死在匡人手上，可以看到圣贤自信和彼此相信的地方。
>
> ▍姚承庵曰："匡人其如予何？"夫子知天意，不必死于匡人之手。"子在，回何敢死？"颜子知夫子必不死于匡人，可见圣贤自信相信处。

《论语》原典·具臣章

季子然问："仲由、冉求可谓大臣与？"子曰："吾以子为异之问，曾由与求之问。所谓大臣者，以道事君，不可则止。今由与求也，可谓具臣矣。"曰："然则从之者与？"子曰："弑父与君，亦不从也。"

译文　季子然问："仲由和冉求可以算是大臣吗？孔子说："我以为你会问别的事情，原来是问由和求呀。所谓大臣是能够用周公之道的要求来侍奉君主，如果这样不行，他宁肯辞职不干。现在由和求这两个人，只能算是处理事务的臣子罢了。"季子然说："那么他们会一切都跟着季氏干吗？"孔子说："杀父亲、杀君主的事，他们也不会跟着干的。"

♡　张岱　姚承庵　徐儆弦

朋友圈纵横谈（▇为原文）

张岱

季氏任用子路和冉有，原本是以大臣来看待他们二人的，子路、冉有做季氏家臣，也是以大臣的身份来要求自己的，所以他们为季氏增强军力聚敛财物，大展才能，孔夫子说："可谓具臣矣。"是教他们做具臣，才是做季氏家臣的正道。出仕季氏的正道获得了，那么作为大臣侍奉君王的正道也就得到了。孔夫子年少的时候也曾经在季氏那里做官，当他做管理仓库的小官的时候，就说："做好会计的事情就够了。"曾经做管理牛羊的官，就说："使牛羊茁壮成长就够了。"从来没有在职责所在之外有一点儿的越俎代庖，所以说是"具臣"。如果直接将"具臣"贬损为没有用处的家臣，恐怕子路、冉求两个人也不肯接受。

▇季氏用由、求，原以大臣待二子，由、求仕季氏，亦以大臣自待，故为之强兵聚敛，大展才使，夫子曰："可谓具臣矣。"盖教之以具臣，而仕季之道得矣。仕季之道得，而大臣事君之道亦得矣。夫子少年亦曾仕季，当其为委吏，则曰："会计当而已矣。"尝为乘田矣，则曰："牛羊茁壮长而已矣。"未尝于职分之外，少为越俎，故曰"具臣"。若直贬"具臣"为无用之臣，恐二子亦不肯受。

张岱

应该做"大臣"的时候就做"大臣",应该做"具臣"的时候就做"具臣",就是以正道来侍奉君主。应该做"大臣"的时候绝不做"具臣",应该做"具臣"的时候绝不做"大臣",就是"不可则止"。

当为"大臣"则为"大臣",当为"具臣"则为"具臣",便是以道事君。当为"大臣"决不为"具臣",当为"具臣"决不为"大臣",便是"不可则止"。

姚承庵

季子然问"然则从之"不知道是想做什么?孔夫子用使人震动的话来折服他,可以令弄权欺世的人胆寒。

姚承庵曰:"然则从之"不知意欲何为?夫子危言以折之,可以落奸雄之胆。

徐儆弦

子路、冉有做季氏家臣,对季氏违背礼制收敛田赋是顺从的,讨伐颛臾是顺从的,旅祭泰山是顺从的,不顺从的事情只有杀害父君这一件,所以说他们是"具臣"。

▋ 徐儆弦曰：由、求之仕季氏，作田赋则从，伐颛臾则从，旅泰山则从，所不从者，特弑父与君耳，故曰"具臣"。

《论语》原典·恶佞章

子路使子羔为费宰。子曰："贼夫人之子。"子路曰："有民人焉，有社稷焉，何必读书，然后为学？"子曰："是故恶夫佞者。"

译文　子路让子羔去作费地的城宰。孔子说："这简直是害人子弟。"子路说："那个地方有老百姓，有社稷，治理百姓和祭祀神灵都可以学习，为什么一定要读书才算是学呀？"孔子说："所以我讨厌你这样花言巧语狡辩的人。"

♡ 张岱

朋友圈纵横谈（▋为原文）

张岱

季氏没有马上背叛鲁国，是因为费邑的人屡次背叛季氏，子路让闵子骞和子羔做邑宰是为了镇压安抚费邑。子羔在成邑做邑宰，而使成邑的人不敢违背礼制，他去费邑做邑宰，一定也能够称职。孔夫子责怪子路，也许是有隐忧吧，说"贼"说

"佞"，言语之外都是有深意的。

■ 季氏不即叛鲁，以费人屡叛季耳，使骞使羔求以镇抚之也。子羔宰成，而成人不敢悖礼，其宰费，必称所使。夫子责由，其有隐忧乎，曰"贼"曰"佞"，言外皆有深意。

《论语》原典·言志章

子路、曾晳、冉有、公西华侍坐。子曰："以吾一日长乎尔，毋吾以也。居则曰：'不吾知也！'如或知尔，则何以哉？"子路率尔而对曰："千乘之国，摄乎大国之间，加之以师旅，因之以饥馑；由也为之，比及三年，可使有勇，且知方也。"夫子哂之。"求！尔何如？"对曰："方六七十，如五六十，求也为之，比及三年，可使足民。如其礼乐，以俟君子。""赤！尔何如？"对曰："非曰能之，愿学焉。宗庙之事，如会同，端章甫，愿为小相焉。""点！尔何如？"鼓瑟希，铿尔，舍瑟而作，对曰："异乎三子者之撰。"子曰："何伤乎？亦各言其志也。"曰："莫春者，春服既成，冠者五六人，童子六七人，浴乎沂，风乎舞雩，咏而归。"夫子喟然叹曰："吾与点也！"三子者出，曾晳后。曾晳曰："夫三子者之言何如？"子曰："亦各言其志也已矣。"曰："夫子何哂由也？"曰："为国以礼，其言不让，是故哂之。""唯求则非邦也与？""安见方六七十如五六十而非邦也者？""唯赤则非邦也与？""宗庙会同，非诸侯而何？赤也为之小，孰能为之大？"

译文　子路、曾晳、冉有、公西华四个人陪孔子坐着。孔子说：

"虽然我年龄比你们大一些,但不要为此在意而不敢随意说话。你们平时总说:'没有人了解我呀!'如果有人了解你们,那你们想怎样去做呢?"子路连忙回答:"倘若一个拥有一千辆兵车的国家,夹在大国中间,常常受到侵略,加上国内又闹饥荒,让我去治理,等到三年,就可以使民众有勇,并且懂得道义。"孔子向他微笑。孔子又问:"冉求,你怎么样呢?"冉求答道:"面积有六七十方里或五六十方里的地方,让我去治理,只要三年,就可以使百姓丰衣足食。至于这里的礼乐教化,就要等君子来施行了。"孔子又问:"公西赤,你怎么样?"公西赤答道:"我不敢说我能做到,只是愿意学习。在宗庙祭祀的活动中,或者诸侯的盟会中,我愿意穿着玄端衣,戴着章甫帽,做一个小小的相礼者。"孔子又问:"曾点,你怎么样呢?"这时曾点鼓瑟的声音逐渐放慢,接着"铿"的一声,他离开瑟站起来,回答说:"我和他们三位说的不一样。"孔子说:"那有什么关系呢?也就是各人说说自己的志向罢了。"曾晳说:"暮春三月,已经穿上了春天的衣服,我和五六位成年人、六七个童子,结队去沂河里洗洗澡,在舞雩台上吹吹风,歌咏一番,然后取道回家。"孔子长叹一声说:"我赞成曾点!"子路、冉有、公西华三个人都出去了,曾晳留在后,问孔子说:"他们三人的话怎么样?"孔子说:"也就是各自谈谈自己的志向罢了。"曾晳说:"夫子为什么要笑仲由呢?"孔子说:"治理国家要讲礼让,可是他说话一点也不谦让,所以我笑他。"曾晳又问:"那么冉求不算有志于治理国家吗?"孔子说:"哪里见得六七十里或五六十里见方的地方就不是国家呢?"曾晳又问:"公西赤讲的不是治理国家吗?"孔子说:"宗庙祭祀和诸侯会盟,这不是诸侯的事又是什么?像赤这样的人如果只能做一个小相,那谁又能做大相呢?"

♡ 张岱　杨升庵

朋友圈纵横谈（▨ 为原文）

张岱

> 千古圣贤的才能抱负，今天不用假借明天，此事不用转移到彼事。本来就没有成见可以预先参透，也没有死局可以提前定论。曾点这个时候，真真切切能有这种见地吗？
>
> ▨ 千古圣贤经纶手段，今日不消借之明日，此事不消移之彼事。元无成见，可以预参；亦无死局，可以先定。曾点此时，实实见得到此否？

张岱

> 曾点这四个人述说志向，应该是根据四个人本来的样子随口说出的。孔子门中没有伪装矫饰的伎俩，曾点的气象用在当时以及平时自然是好的。然而他却自己信不过，后来再一问孔子，就觉得他心中有些做作了。如果是颜回和曾参，自然是直接承受担当，绝不会再去问其他三个人，来比个高低上下。孔夫子后来回应他，也只是说他们三个人是为了国家城邦，绝不再把曾点和他们三个作比较，这个意思是很微妙的。曾点心心念念要和另外三个人比较，所以不能安心接受孔子的喟然之叹。凡是学问，要在当时自己心里信得过；他们三人如果心里

相信的只是"有勇""知方""足民""为相",那也都是春风沂水的境界,孔夫子什么时候不赞许他们了呢?如果自己心里信不过,即便是春风沂水,也不过是口头上说说,而不是心中的真正境界。所以曾点只能被称为"狂",没有用上。

▎曾点四子言志,当自四子只各就本色信口说出。圣门别无妆点伎俩,只曾点气象在当下日用平常自好。然他却信不过,后来再一问,便觉他胸中做作。若是颜子曾子,自然直下承当,决不再问三子,讨个高下矣。夫子到后应他,亦只说三子为国为邦,绝不把曾点再与较量,此意极微。曾点念念要与三子比量,所以不能信受喟然之意。大凡学问,要当下自己信得;三子若信得只"有勇""知方""足民""为相",却都是春风沂水,夫子何曾不许他?若信不过,恐怕春风沂水,也是口头三昧,不是性地风光。所以曾点只叫做一个"狂",不曾用得着。

杨升庵

曾点,是狂者,本来有经世致用的大志向,后来知道世道不会重用他,所以说了这句话,消除雄心壮志而虚耗余年。这种风格的人下降一个层次就是庄子、列子这样的,再下降则是嵇康、阮籍。

▎杨升庵曰:点,狂者也,本有用世大志,知

> 世之不我以也,故为此言。销壮心而耗余年。此风一降则为庄、列,再降则为嵇、阮。

张岱

曾点因为种瓜而伤了曾参的额头,把他打倒在地上;这样暴戾的一个人,怎么会是春风沂水的胸襟情怀呢,所以曾点到底自己内心是不自信的。

> 曾点因种瓜而伤曾子之额,扑之仆地;如此暴戾,岂是春风沂水襟怀,所以毕竟自信不过。

张岱

七叔张尔蕴先生曾以这一章为题作八股文,确立的两个中心思想为"裁勇""裁狂"。现成的就有这两句话,所以绝妙。(八股文的总体结构,先要立柱——确立中心思想,然后顺着中心思想分股展开。)

> 季叔尔蕴先生作全章题,立二柱曰:"裁勇""裁狂"。现成有是二语,所以为妙。

颜渊第十二

《论语》原典·克己章

颜渊问仁。子曰:"克己复礼为仁。一日克己复礼,天下归仁焉。为仁由己,而由人乎哉?"颜渊曰:"请问其目。"子曰:"非礼勿视,非礼勿听,非礼勿言,非礼勿动。"颜渊曰:"回虽不敏,请事斯语矣。"

译文　颜渊问为仁之道。孔子说:"克制自己,按照礼的要求去做,这就是仁。只要一天这样做了,天下的一切就都归于我心之仁了。实行仁德,完全在于自己,哪里在于别人呀?"颜渊说:"请问实行仁详细的纲目。"孔子说:"不合于礼的不看,不合于礼的不听,不合于礼的不说,不合于礼的不做。"颜渊说:"我虽然愚钝,也要照您的这些话去努力。"

♡　张岱　袁七泽　杨复所　王龙溪

朋友圈纵横谈(▮为原文)

张岱

"一日"两个字最值得品味,舍弃了这"一日"不去着手,那么永远都没有着手的时候了。很多事情都开始于"一日",更何况是践行仁呢?

▮"一日"字最可味,舍此"一日"不下手,永无下手之期矣。百事都始于"一日",况为仁乎?

袁七泽

所谓"己"是指什么呢?就是下文所说的"视""听""言""动"。"己"和"礼"既不是同一也不是二分,心迷就是"己",心悟就是"礼"。"己"就像是水结成了冰,"礼"就像是冰化成了水。所以融化的冰就是水,不是还要到别处去找水;"克己"就是"礼",不是还要到别处去找。下文所提到的"非礼"四句话,正是"克己"的功夫,"回虽不敏"两句,正是"由己"的功夫。

> 袁七泽曰:所谓"己"者何?即下文"视""听""言""动"是也。"己""礼"非一非二,迷之则"己",悟之则"礼"。"己"如结水成冰,"礼"如释冰成水。故释冰即是水,不别求水;"克己"即是"礼",不别求"礼"。下文"非礼"四句,政是"克己"功夫,"回虽不敏"二句,政是"由己"功夫。

杨复所

有人起疑,觉得说"仁"不一定要说到"天下",这是梦话。正是因为"己"与"天下"分为两家了,所以圣贤特地指出一个"仁"字,践行仁,就是想要把"己"和"天下"还复为一家,将它们还复为一家才能见到天地之心。

> 杨复所曰：或疑仁，不必说到天下，此梦语也。正为"己"与"天下"二家，所以圣贤拈个"仁"字，"为仁"，便欲"己"与"天下"还为一家，所为复乃见天地之心也。

张岱

"天下归仁"，已经描画出一个整体的人了，只是还没有画眼睛。"请问其目"，正是画眼睛的方法。"视""听""言""动"，每一件都是"己"去实践的，人如果离开"视""听""言""动"，那该怎么践行仁呢？不能离开"己"，所以要"由己"；不能执着于"己"，所以要"克己"。"己"为形体容色之"己"。被形体容色所主宰，那么"视""听""言""动"都是"己"；能够主宰形体容色，那么"视""听""言""动"都是"仁"。直接简要，一转眼就会有所不同，所以修养功夫只在"一日"。

> "天下归仁"，已画出一个浑浑成成全体的人来，只是不曾点睛。"请问其目"，政是点睛法也。"视""听""言""动"，件件皆"己"用事，人若离"视""听""言""动"，如何"为仁"？"己"离不得，所以说"由己"；"己"着不得，所以说"克己"。盖"己"为形色之"己"。形色为主，则

"视""听""言""动"都是"己";能主宰得形色,则"视""听""言""动"都是"仁"。直捷简要,转盼不同,故其功夫只在"一日"。

王龙溪

世人传闻金丹是用逆向功夫的,他们不知道我们儒家的学问,也全在逆向。孔子告诉颜回的四句话就是用逆的方法。收敛视听向内观照,谨言慎行,《易经》中所说的"不远之复"——没走多远就回头审视,就是审视这里。

王龙溪曰:世传金丹用逆,不知吾儒之学,亦全在逆。颜子四句,便是用逆之数。收视反听,谨言慎动,所谓不远之复,复于此矣。

顾宪成

有人问两个"己"字有什么相同与不同?@顾宪成说:下文已经解释得很明白了。说"非礼勿视"这四句,就知道"克己"的"己"字了;说"回虽不敏,请事斯语矣",就知道"由己"的"己"字了。何必再写注脚解释。说"请事斯语",那么它就不仅仅是空谈了。

或问二"己"字同异?下文已自解得明白:曰"非礼勿视"四句,便知"克己""己"字;曰

"回虽不敏,请事斯语矣",便知"由己""己"字。何必再下注脚。曰"请事斯语",则语不为空言矣。

《论语》原典·仲弓章

仲弓问仁。子曰:"出门如见大宾,使民如承大祭。己所不欲,勿施于人。在邦无怨,在家无怨。"仲弓曰:"雍虽不敏,请事斯语矣。"

译文　仲弓问为仁之道。孔子说:"平时出门如同接见贵宾,役使百姓如同去进行重大祭祀。自己不想要的,不要强加给别人。无论在邦国还是家庭中,都不要招致什么怨恨。"仲弓说:"我虽然愚钝,也要照您的话去努力。"

♡　张岱　徐自溟　方文伯　程颐

朋友圈纵横谈(▨为原文)

徐自溟

一定要此心能够对人,才可以说是"见宾";一定要此心能够对天,才可以说是"承祭";邦国、家族对自己没有怨恨,是自己的心与邦国家庭相通。世界有缺陷,就是这颗心不圆满。上一章说

"复礼",这里说"大宾""大祭";上一章说"克己",这里说"不欲""勿施";上一章说"天下归仁",这里说"邦家无怨"。这里说的和对颜回说的,哪里有什么区别呢?

 徐自溟曰:此心期可以对人曰见宾;此心期可以对天曰承祭;邦家无怨于己,乃己心通于邦家也。世界缺陷,即是此心不曾圆满。上言"复礼",此言"大宾""大祭";上言"克己",此言"不欲""勿施",上言"天下归仁",此言"邦家无怨"。与颜子所言,有何分别?

方文伯

"不欲""勿施"之心,就是"见宾""承祭"之心,没有所存之心和已发之心的区分;"邦家无怨"之心,就是"不欲""勿施"之心,没有别人和自己的区分。

 方文伯曰:"不欲""勿施",即是"见宾""承祭"之心,不分存发;"邦家无怨",即是"不欲""勿施"之心,不分人己。

程颐

进入宗庙才想到恭敬,是因为没有进庙之前是存在不恭敬的,必须从这里得到解答。

> 📖 程子曰：入庙思敬，是未入庙时先有不敬也，须从此得解。

《论语》原典·讱言章

司马牛问仁。子曰："仁者，其言也讱。"曰："其言也讱，斯谓之仁已乎？"子曰："为之难，言之得无讱乎？"

译文　司马牛问为仁之道。孔子说："仁人，说话通常是迟钝的。"司马牛说："说话迟钝，这就叫做仁了吗？"孔子说："因为知道做起来很困难，说起来能不迟钝吗？"

♡ 张岱

朋友圈纵横谈（📖 为原文）

张岱

不说"讱言"而说"言讱"，这是就已经形成的东西说的。孔夫子不是让他在说话上下功夫，而是教他在慎言处用功。

孔子是说仁者的语言，司马牛是说语言的迟钝，简直是天壤之别！

> 📖 不曰"讱言"而曰"言讱"，此是指现成者说。夫子非教他言上做功夫，政教他于所以忍言处

着力。

圣人是说仁者之言，司马牛是说言者之讱，何啻天壤！

《论语》原典·忧惧章

司马牛问君子。子曰："君子不忧不惧。"曰："不忧不惧，斯谓之君子已乎？"子曰："内省不疚，夫何忧何惧？"

译文　司马牛问君子之道。孔子说："君子不忧虑不恐惧。"司马牛说："不忧虑不恐惧，这样就是君子了吗？"孔子说："省察自己内心时没有愧疚，那还有什么忧虑和恐惧呢？"

♡　张岱　薛敬轩

朋友圈纵横谈（▆为原文）

薛敬轩

君子面对着青天很敬畏，听到雷声反而不震惊；走在平地上很谨慎，经历风波里反而不恐惧。

▆薛敬轩曰：君子对青天而惧，闻震雷而不惊；履平地而恐，涉风波而不惧。

张岱

晋代的郗超说:"意念所安之处,遇到什么都会觉得平坦;情感所关切之处,去往哪里都不会滞碍。"因此说,通达还是滞碍的原因,取决于我而不是外物。

晋郗超曰:意之所安,则触遇而夷;情之所关,则无往不滞。因此而言,通滞之所由,在我而不在物也。

《论语》原典·兄弟章

司马牛忧曰:"人皆有兄弟,我独亡。"子夏曰:"商闻之矣:死生有命,富贵在天。君子敬而无失,与人恭而有礼,四海之内皆兄弟也。君子何患乎无兄弟也?"

译文 司马牛忧愁地说:"别人都有兄弟,唯独我没有。"子夏说:"我听说过:死生在于命,富贵在于天。君子只要以敬畏之心做事而不出差错,对人恭敬有礼而无过失,那么四海之内到处有兄弟。君子哪里需要担忧没有兄弟呢?"

♡ 张岱 李衷一

朋友圈纵横谈（■为原文）

 李衷一

> 大概司马牛在与兄弟相处之中，一定有不完全符合道义的地方。子夏说的话分明就是想让司马牛自己极尽恭敬，以感化他的兄弟，不是让司马牛丢开自己的兄弟而去结交他人。意思是说，君子能够尽恭敬之道，即便是四海之内，也都是兄弟。疏远的人尚且可以亲近，更何况亲人呢？"何患无兄弟"，应该主要讲的是自己的兄弟，而不是四海之内的。
>
> ■ 李衷一曰：大抵司马牛处兄弟之间，决有未尽道处。子夏此言分明欲牛自尽恭敬，以感其兄弟，不是教牛舍却自己兄弟，结交他人也。意谓，君子能尽个恭敬，虽四海之内，都是兄弟。疏者尚可亲，况亲者乎？"何患无兄弟"，当从自己兄弟看，不当从四海看。

《论语》原典·问明章

子张问明。子曰："浸润之谮，肤受之愬，不行焉，可谓明也已矣。浸润之谮，肤受之愬，不行焉，可谓远也已矣。"

译文 子张问怎样算是明智。孔子说："像水浸润那样诋毁他人的坏话,像感同身受那样的控诉,在你那里都行不通,就可以算是明智的了。像水浸润那样诋毁他人的坏话,像感同身受那样的控诉,在你那里一直行不通,那你可以算是有远见的了。"

♡ 张岱　张侗初

朋友圈纵横谈（▇为原文）

张侗初

> 心与物相触而不妄动,就是虚空妙明,光照万里;"浸润""肤受",就是眼前鬼怪百出,令人惑乱。所谓山鬼的伎俩是有限的,道行深的僧人不听不看的功力是无穷的。这难道不是明智?难道不是远见?所以说"心体寂静得像天空一样,起作用的时候像太阳一样洞照一切"。
>
> ▇张侗初曰:人心触之不动,便是虚空妙明,光照万里;"浸润","肤受",乃眼前鬼怪百出。所谓山鬼之伎俩有限,老僧之不听不睹无穷。岂不是明?岂不是远?故曰"体寂若太虚,用照同白日"。

张岱

> 重复思考"浸润"这三句话,最有意味。诬陷和控诉在他面前一时行不通,只能说是明智;最终也行不通,才能够说是有远见。
>
> 重复"浸润"三句,最有意味。盖一时不行,止可谓"明";到底不行,方可谓"远"。

《论语》原典·兵食章

子贡问政。子曰:"足食,足兵,民信之矣。"子贡曰:"必不得已而去,于斯三者何先?"曰:"去兵。"子贡曰:"必不得已而去,于斯二者何先?"曰:"去食。自古皆有死,民无信不立。"

译文 子贡问为政之道。孔子说,"粮食充足,武备修整,那么老百姓就会信任统治者了。"子贡说:"如果不得不去掉一项,那么在这三项中先去掉哪一项呢?"孔子说:"去掉武备。"子贡说:"如果不得不再去掉一项,那么这两项中先去掉哪一项呢?"孔子说:"去掉粮食。自古以来人都会死的,没有老百姓的信任国家就不能存在了。"

♡ 张岱　湛甘泉　张侗初

朋友圈纵横谈（▓ 为原文）

张岱

这一章只是在说常道与变化，不是说固守与权衡。武备可以去除，粮食可以去除，而信念不可去除，说的就是建立万世不变的常道，怎么能说是权变呢？

▓ 此章止说常变，说不得经权。兵可去，食可去，而信不可去，正是立万世之经，如何可说权？

湛甘泉

为什么去除武备呢？因为将武备隐藏在粮食中，就是信任。为什么去除粮食呢？去除武备、粮食而留存信任，统治者可以与人民一起不顾生命地卖力。"去"字没有力度，其实是说缺少哪一种。

▓ 湛甘泉曰：何以去兵也？藏兵于食，信也。何以去食也？兵、食去而信存，可与民效死也。"去"字无力，犹云少得那一件。

张侗初

圣人不避讳武备、粮食，只求有人民、信念。后世之人不求有人民、信念，就想要富强。"自古皆有死，民无信不立"，千古以来的生死，有千千万万种。信得过，就干脆利落了。唐代安史之乱时期张巡、许远镇守睢阳缺兵少粮却能以少胜多的历史事件，跟这里的说法可以相互参看。

▣ 张侗初曰：圣人不讳兵、食，只要民、信。后世不求民、信，便属富强。"自古皆有死，民无信不立"。千古生死，立案如山。信得过，一刀两断。张巡、许远之守睢阳，与此三说，政可并参。

张岱

匆匆忙忙地修整武备、备足粮食，而人民却怀疑他，王安石就是这样的。大张旗鼓地备足粮食、修整武备，而人民却怀疑他，商鞅就是这样的。将武备、粮食和信任分为三件事来看才是正确的。

▣ 急急然足兵、足食，而民疑之者，荆公是也。赫赫然食足、兵足，而民疑之者，商君是也。分作三件看为是。

《论语》原典·文质章

棘子成曰："君子质而已矣，何以文为？"子贡曰："惜乎，夫子之说君子也！驷不及舌。文犹质也，质犹文也。虎豹之鞟犹犬羊之鞟。"

译文 棘子成问:"君子只要有美质就行了,要那么多文饰干什么呢?"子贡说:"真可惜,先生您这样谈论君子。驷马也难以追回您这句失言了。质就如同文,文就如同质。虎豹之皮去掉了花纹就和犬羊之皮一样了。"

♡ 张岱

朋友圈纵横谈(为原文)

张岱

> 这一整章是围绕着救世来说的,都是注重质的意思。棘子成想要去除文饰来保存本质,子贡想要保留文饰来明辨本质。总之其目的都是为了质,不必过于贬低驳斥。
>
> "惜乎"二句,是一直说下来的,就如同说"惜乎夫子之说"。君子一句话说出,驷马也难以追回!这与上文中"君子"两个字是相呼应的。
>
> 通章以救世立论,俱是重质意。子成欲去文以存质,子贡欲留文以辨质。总之皆为质地耳,不必过为贬驳。
>
> "惜乎"二句,一直说下,如云"惜乎夫子之说"。君子一言既出,驷马难追矣!与上文"君子"二字呼吸相应。

《论语》原典·盍彻章

哀公问于有若曰:"年饥,用不足,如之何?"有若对曰:"盍彻乎?"曰:"二,吾犹不足,如之何其彻也?"对曰:"百姓足,君孰与不足?百姓不足,君孰与足?"

译文 鲁哀公问有若:"饥荒的年岁,国家用度不足,怎么办?"有若回答:"为什么不实行彻法(税田十取一为"彻")?"哀公说:"现在抽十分之二,我还不够用,怎么能实行彻法呢?"有若说:"如果百姓丰足,您怎么会不丰足呢?如果百姓不丰足,您又怎么会丰足呢?"

♡ 张岱 唐宣之

朋友圈纵横谈(■为原文)

唐宣之

> 孔夫子曾经说鲁国的国家之势为"不患寡而患不均,不患贫而患不安"。鲁哀公的不富足不是真的不富足,而是国家财产没有进入国库,而是进入了孟孙氏、叔孙氏、季孙氏三家。施行田彻之法,那么分田地征赋税都各有固定的制度了,三家也处于应上缴十分之一田税的行列,他们就不能搜刮老百姓了。这是有若的潜台词。

> 🔖 唐宣之曰：夫子尝谓鲁国之势"不患寡而患不均，不患贫而患不安"。哀公之不足非不足也，盖由禄之去公堂而入三家也。彻法行，则分田制禄各有定制，三家亦且制于什一之中，而不得聚敛百姓矣。此有若之微意也。

张岱

问为何要使百姓富足，答曰：治理国家，就像种树一样。想让上面枝叶繁茂，一定要灌溉它的根部，根部如果枯萎了，那么树上面也就焦枯了！君处于上面，百姓处于下面，但他们其实是同一棵树。

> 🔖 问百姓足，曰：治国，犹种树也。欲荣其上，必溉其下，下枯而上则焦矣！君上而民下，只一树也。

《论语》原典·崇德章

子张问崇德辨惑。子曰："主忠信，徙义，崇德也。爱之欲其生，恶之欲其死。既欲其生，又欲其死，是惑也。'诚不以富，亦祇以异'。"

译文 子张问如何提升道德和辨明疑惑。孔子说："以忠信为主，见义而为，这就是提升道德。喜爱一个人就希望他活下去，厌恶他了就想让他死。既想要他活，又想要他死，这就是困惑。'这实在不是因为富不富,而是因为品行不同。'"

♡ 张岱

朋友圈纵横谈(▋为原文)

张岱

> 子张问"崇德",只是想着如何从外部获取一些东西来使自己的道德更加高尚,孔夫子只是从用心上去说。子张问"辨惑",只是想着如何用自己的聪明去解除别人的困惑,孔夫子却只从他自己身上说。这就是根据人的特点来施行教化,从而补救他的缺失。
>
> ▋ 子张问"崇德",只思量从外边寻些东西来崇我的德,夫子只向心地上说了去。子张问"辨惑",只思量载了自己的聪明去辨别人家的惑,夫子只向自身上说将来。此是因人施教,而救其所失也。

《论语》原典·齐景章

齐景公问政于孔子。孔子对曰:"君君,臣臣,父父,子子。"公曰:"善哉!信如君不君,臣不臣,父不父,子不子,虽有粟,吾得而食诸?"

译文 齐景公问孔子治国之道。孔子说:"君尽君道,臣尽臣道,父尽父道,子尽子道。"齐景公说:"好呀!如果真的君不像君,臣不像臣,父不像父,子不像子,即便有粮食,我能吃得上吗?"

♡ 张岱 姚承庵

朋友圈纵横谈(▮为原文)

姚承庵

> 从古至今,从来没有纲纪不正而能够治理国家的人。孔子君臣父子这样的回答,就是他在卫国时说的"正名"的意思。这四者是一起来说,但君为臣纲、父为子纲这两项,是很有责令齐景公应该做到的意思在的。
>
> ▮姚承庵曰:自古及今,未有大纲不正而可为国者。君臣父子之对,即正名于卫之意。四者并言,而君为臣纲,父为子纲,煞有责成景公意在。

张岱

> 齐景公这个时候就如同岌岌可危的叶子,很容易被风吹落;又如同受到惊吓的小鸟,很容易掉落下来。他一听到孔夫子所说的话,感慨叹息,简直就像他当年在牛山时的哭泣一样悲痛哽咽。

> 景公此时所谓危叶易风,惊禽易落,一闻夫子之言,感慨咨嗟,几与牛山之泣,同其酸梗。

《论语》原典·折狱章

子曰:"片言可以折狱者,其由也与?"子路无宿诺。

译文 孔子说:"极少的几句话就可以判决案件,而且让双方心服口服,恐怕只有仲由能做到吧?"子路从来没有答应别人的事情拖着不做的时候。

♡ 张岱

朋友圈纵横谈(▇为原文)

张岱

小邾国的大夫射(人名)带着句绎(城邑名)来投奔鲁国,说:"派子路来和我口头约定,我不需要立盟誓。"不相信千乘大国的盟誓,而相信子路的一句话,他的话就是这样能够使人信任。所以说"可以折狱"。

> 小邾射以句绎奔鲁,曰:"使季路要我,吾无盟矣。"千乘之国,不信其盟,而信子路之一言,其言之取信若此。故曰"可以折狱"。

张岱讲《论语》·颜渊第十二

《论语》原典·听讼章

子曰:"听讼,吾犹人也。必也使无讼乎!"

译文　孔子说:"如果说听理诉讼案件,我和别人是一样的。一定要使没有诉讼案件发生才好!"

♡ 张岱

朋友圈纵横谈（▰ 为原文）

张岱

　　"折狱",是让当事人在宣判之后心中折服;"无讼",是在他提起诉讼之前就感化其心。通过潜移默化的方式,让一切纷争都冰消瓦解。

　　《易》中说"做事情要在刚开始的时候就有所谋划",这跟"无讼"比起来还是落后了一个层次。

　　贤人"折狱",圣人"无讼",这就是圣人和贤人的区别。总的来说作为管理者没有什么别的诈术与巧计,只是让大事化为小事,小事化为无事,仅这一种方法就可以用之不尽了。

　　▰ "折狱",是服其心于事后;"无讼",是化其意于辞先。潜移默夺,瓦解冰消。

489

> 《易》曰"作事谋始",犹是落一层话。
>
> 贤人"折狱",圣人"无讼",此是圣贤阶级。总之为民上者无他谬巧,只是大事化为小事,小事化为无事,便吃着不尽。

《论语》原典·子张章

子张问政。子曰:"居之无倦,行之以忠。"

译文　子张问为政之道。孔子说:"居于官位而不懈怠,推行政事出于忠心。"

♡　张岱　张侗初　黄葵阳

朋友圈纵横谈(▇为原文)

张侗初

> 力气强大干练,未必是出于自己的本性;老实忠厚,恐怕不能尽善尽美地把事情处理好。只有居于职位上而"无倦",行事"以忠",才是退居隐藏的时候天道流行不止,发挥作用的时候,都是真实性情的运用。这就是周文王之大道。
>
> ▇张侗初曰:气力强干,未必根性地而出;笃

实敦厚，恐不能尽事而施。惟居曰"无倦"，行曰"以忠"，是退藏处，天行不息，而作用处，皆真性流行也。此为纯王之道。

 黄葵阳

天地悠久的化育，尧舜谨慎戒惧的道理，正好都可以在这两句话中体现出来。子张是注重外在的人，所以孔子勉励他外在的行为要以内心为依归。

▮ 黄葵阳曰：天地悠久之化，尧舜兢业之神，正可于二句中理会。子张是务外的人，故勉他以内外如。

《论语》原典·成美章

子曰："君子成人之美，不成人之恶。小人反是。"

译文　孔子说："君子成全别人的好事，不助长别人的坏事。小人则正与此相反。"

♡ 张岱

朋友圈纵横谈（▨为原文）

张岱

> 说是君子成就别人，小人嫉妒别人，尚且是第二念的分别计度。君子、小人各自表现出他们的本性，自然是这样不同的。伯夷看到饴糖，想到的是奉养老人；盗跖见到饴糖，想到的是润滑门轴以方便偷东西。这都是根据不同性情而发出的，旁人无法影响。
>
> ▨ 谓君子成就人，小人妒忌人，尚是第二念。君子、小人，各自见其本性，自然如此不同。伯夷见饴，用以养老；盗跖见饴，用饫户枢。此是发于性情，别人撺掇不得。

《论语》原典·帅正章

季康子问政于孔子。孔子对曰："政者，正也。子帅以正，孰敢不正？"

译文　季康子问孔子为政之道。孔子回答："政，就是正的意思。您自己倡导引领正道，那还有谁敢不走正道呢？"

♡ 张岱

朋友圈纵横谈（为原文）

张岱

"政者，正也"，是孔夫子对"政"字的含义的解释，有树立榜样的意思，已经将人完全包括在其中。"帅"字有倡导、率领的意思，必须从重振纲纪、肃清名分的角度去说，才切合季康子本人的实际。

■ "政者，正也"，是夫子解说"政"字的意义，有做个样子的意思在，人已尽摄其中。"帅"有倡率之义，须从振纪纲、肃名分说，方切康子身上。

《论语》原典·患盗章

季康子患盗，问于孔子。孔子对曰："苟子之不欲，虽赏之不窃。"

译文　季康子忧虑盗窃猖獗，问孔子怎么办。孔子回答："假如你自己没有贪欲，即使悬赏人民偷窃也没有人去做。"

♡　张岱　丘琼山　真西山

朋友圈纵横谈（▇为原文）

丘琼山

丰盛之世没有盗贼，是因为富足；和平之世没有盗贼，是因为法纪严明；教化之世没有盗贼，是因为顺从。

▇ 丘琼山曰：丰世无盗者，足也；治世无盗者，肃也；化世无盗者，顺也。

真西山

统治阶层之中如果有身居高位而盗窃国家财产的人，百姓之中就会有拿着武器抢劫的盗贼。

▇ 真西山曰：上有衣冠之盗，然后下有干戈之盗。

《论语》原典·德风章

季康子问政于孔子曰："如杀无道，以就有道，何如？"孔子对曰："子为政，焉用杀？子欲善而民善矣。君子之德风，小人之德草。草上之风必偃。"

译文　季康子问孔子为政之道，说："如果杀掉无道之人来成全有道之人，怎么样？"孔子回答："您管理政事，哪里用得着杀戮呢？您只要想行善,老百姓就会跟着行善。统治者的品德就像风,民众的品德就像草,风吹过去,草就必定跟着风倒。"

♡ 张岱

朋友圈纵横谈(为原文)

张岱

> 季康子刚说杀戮,孔子便说行善;季康子想要杀掉恶人以成全善人,孔子想要教化恶人成为善人。这正是用道德来代替刑罚的宗旨。季康子就像是怒目金刚,想要震慑降服群魔;孔子就像是低眉菩萨,想要给予六道慈悲。
>
> 季康子动杀念,就像将要燃烧起来的火,孔夫子明确提出一个"善"字,就像冰一样把热给降下去了,是想要把不善之人教化为善人。说"风"和"草",是指出人民是容易教化的,用不着杀戮。
>
> 康子才说杀,孔子便说善;康子欲杀恶人以成善人,孔子便欲化恶人而成善人。此正是以德易刑之旨。康子如金刚怒目,欲以摄伏群魔;孔子如菩萨低眉,欲以慈悲六道。
>
> 康子动一杀念,如火之欲焚,夫子宛宛提出"善"字,如冰之解热,盖欲其化不善而为善也。曰"风"曰"草",挽见民之易化,不消杀得。

《四书遇》导读

《论语》原典·闻达章

子张问:"士何如斯可谓之达矣?"子曰:"何哉,尔所谓达者?"子张对曰:"在邦必闻,在家必闻。"子曰:"是闻也,非达也。夫达也者,质直而好义,察言而观色,虑以下人。在邦必达,在家必达。夫闻也者,色取仁而行违,居之不疑。在邦必闻,在家必闻。"

译文 子张问:"士怎样才可以叫做达呢?"孔子说:"你说的'达'是什么意思?"子张回答:"在邦国一定有名望,在卿大夫家也一定有名声。"孔子说:"你说的只是'闻',不是'达'。所谓达,是品质正直,爱好礼义,揣摩别人的话语,观察别人的脸色,想着以谦恭的态度待人。这样的人,在邦国一定是达的,在卿大夫家也一定是达的。至于只求'闻'的人,只是外表上装出的仁的样子而行动上却是违背仁的,自己以仁人自居还心安理得。但他也是在邦国、在卿大夫家里都一定有名声的。"

♡ 张岱 李九我

朋友圈纵横谈(▣为原文)

张岱

"闻"和"达"之辨别,子张一开始就说错了,孔子说的是"达",子张说的是"闻"。所以"夫达也者""夫闻也者"这两句话头应该注意。"闻"是从别人那里获得的,是从外部而来;

"达"是从自己这儿成就的,是从自己的内心来的。

> "闻""达"之辨,开口便错,夫子自言"达",子张自言"闻"。故"夫达也者""夫闻也者"两句喝起处须着眼。闻者自彼闻,闻从外而至;达者自我达,达由中而出。

李九我

以礼待人不在于外在的声音笑容上,而是深入内心的,所以说"虑以下人"。这是驯服内心血气的功夫。

> 李九我曰:下人不在外面声音笑貌,乃深入思虑上,故曰"虑以下人"。此是驯扰血气的功夫。

张岱

"色取"与"质直"相反;"行违"与"好义"相反;"居之不疑"与"观察下人"相反。两边相对照,真假自然就可以辨别了。

前面说一个"质"字,后面说一个"色"字。从最初酝酿的时候,就可以辨别了。

> "色取"正与"质直"反;"行违"正与"好义"反;"居之不疑"正与"观察下人"反。

> 两边对勘，真伪自别。
>
> 上说一"质"，下说一"色"。胞胎之中，便判男女。

《论语》原典·舞雩章

樊迟从游于舞雩之下，曰："敢问崇德，修慝，辨惑。"子曰："善哉问！先事后得，非崇德与？攻其恶，无攻人之恶，非修慝与？一朝之忿，忘其身，以及其亲，非惑与？"

译文 樊迟在舞雩台下从学于孔子，说："请问怎样提升道德、修正邪念、辨明困惑？"孔子说："问得好！先做事，将完成之心放在后面，不就是提升道德了吗？攻治自己的恶念，不攻击别人的缺点，不就是修正邪念了吗？由于一时的气愤，就忘记了自身的安危，乃至忘记了自己的亲人，这不就是不明智吗？"

♡ 张岱

朋友圈纵横谈（▨为原文）

张岱

> "德"字、"慝"字、"惑"字都是从于心的。一心先做事，那么"德"就会一天天修起；专心去消除恶念，那么"慝"就会一天天消减；耐心去克制愤怒，那么"惑"就会一天天解开。大概圣

贤教人,都是只在内心做功夫,而不是向外部求取。

有人说:攻击恶,那么"德"就会一天天趋于洁净,克制愤怒,那么"德"就会一天天趋于光明。

■ "德"字、"慝"字、"惑"字皆从心。一心去先事,则"德"日起;专心去除恶,则"慝"日消;耐心去惩忿,则"惑"日解。大抵圣贤教人,只在心上做功夫,不在外边讨求。或曰:攻恶则"德"日进于洁净,惩忿则"德"日底于光明。

《论语》原典·仁知章

樊迟问仁。子曰:"爱人。"问知。子曰:"知人。"樊迟未达。子曰:"举直错诸枉,能使枉者直。"樊迟退,见子夏曰:"乡也吾见于夫子而问知,子曰'举直错诸枉,能使枉者直',何谓也?"子夏曰:"富哉言乎!舜有天下,选于众,举皋陶,不仁者远矣。汤有天下,选于众,举伊尹,不仁者远矣。"

译文 樊迟问什么是仁。孔子说:"爱人。"问什么是智,孔子说:"了解人。"樊迟没有明白。孔子说:"选拔正直的人,放在邪曲的人之上,这样就能使邪曲之人变正直了。"樊迟退下,见到子夏说:"刚才我见到老师,问他什么是智,他说'举直错诸枉,能使枉者直'。这是什么意思?"子夏说:"这话的内涵很丰富啊!舜得到了天下,就在民众中选拔人才,举用皋陶,不仁的人就远去了。汤得到了天下,就在民众中选拔人才,举用伊尹,不仁的人就远去了。"

♡ 张岱 张侗初

朋友圈纵横谈（▨为原文）

 张侗初

天下的大仁德，本来就是以大智慧做的，仁人的大玄机大用处，将动向变化掌握在手，都是由智而来的。由智进行辨别，才能鼓舞天下之人。赏罚不明确，取舍不恰当，贤人和没有才德的人在朝堂上混杂在一起，这样永远也不能治理好天下。可见"仁""智"本来就是一体的，不能说是相互成就的。

▨ 张侗初曰：天下大仁，原是大智做的，仁人大机大用，动变在手，都从智出。智分别处，方能鼓舞天下也。赏罚不明，取舍不当，贤不肖混立于朝，千古不能治天下。可见"仁""知"原是一件，说不得相成。

《论语》原典·问友章

子贡问友。子曰："忠告而善道之，不可则止，毋自辱焉。"

译文 子贡问交友之道。孔子说："忠正地劝告他，但也要善于表述，如果他不听也就罢了，不要自取其辱。"

♡ 张岱　李衷一

朋友圈纵横谈（▨为原文）

李衷一

"不可则止",不是放弃他,机缘不相投,暂且等待,以后可以再找机会。如果数落他,让他觉得羞辱,不仅仅是会使对方过失增加,而且恐怕他还会因此自我弃绝,没什么可指望的了。始终还是想要成就他,不是放弃他。

▨ 李衷一曰:"不可则止",非弃之也。机未投,且俟之,尚可后图。若数而至辱,不惟重友之过,且恐因此自绝,无可望矣,始终是欲成就之。

《论语》原典·辅仁章

曾子曰:"君子以文会友,以友辅仁。"

译文 曾子说:"君子以礼乐文章来结交朋友,通过朋友一起切磋琢磨来互相帮助培养仁德。"

♡ 张岱

朋友圈纵横谈（▮为原文）

张岱

> 凡是日常所用可以见到的东西都是"文"。和朋友交往相处，言语行动应酬，无论何时何地，都有一个灿烂明亮的东西在；而且在这种灿烂明亮之中有非常真切、不能自己停止的东西，就像血脉流动在四肢中，就像春光隐藏在万紫千红中，是活生生而不断绝的，这个东西就是"仁"。所以《诗经》说"矧伊人兮，不求友生（难道一个人，能不寻求志同道合的朋友吗）"，应该知道与我相生的就是朋友。
>
> ▮凡日用可见处都是"文"。与朋友应接，言动周旋，刻刻处处，有个粲然者在；而就其粲然中有真切不容自已处，如血脉在四肢，如春光在红紫，生生不断，这个是"仁"，故曰"矧伊人兮，不求友生"。须知生我者友也。

子路第十三

《论语》原典·先劳章

子路问政。子曰:"先之劳之。"请益。曰:"无倦。"

译文　子路问为政之道。孔子说:"做事要先于老百姓,也使老百姓劳作。"子路请求多指导一些。孔子说:"按照前面说的去做且不怠倦。"

♡　张岱　张侗初　王荆石

朋友圈纵横谈(▋为原文)

张侗初

孔子说"先"和"劳",是把百姓应该做的事情用所有精神一力承担,其他还有什么事情呢?如果说"请益",就是自己已经怠倦了,所以孔子后面只说了一句启发性的转语。

▋张侗初曰:曰"先"曰"劳",把百姓分内事,全副精神,独力承当,更有何事?若说"请益",已自倦矣,故只下一转语。

张岱

孔夫子没有说如何去"先"如何去"劳",而是说"先之""劳之",是要把责任事务都承担在自己身上,可以想见他是如何肃整自己的精神的。

"无倦"正是他能够"先""劳"的原因。将"先""劳"看得太容易,就是以后怠倦的根源。

▪ 夫子不说如何"先",如何"劳",而第曰"先之""劳之",要件件责成在自己身上,可想见其精神之整顿处。

"无倦"正所以成其为"先""劳"。易视"先""劳",便是倦根。

王荆石

如果真的有先劳之心,那就没有完结的时候,没有一丝一毫可以增加的东西了。这句话非常妙。说"先之劳之",两个"之"字本来就不可停歇。

▪ 王荆石曰:真有先劳之心,便无时可了,便一毫加益不得。此语极妙。曰"先之劳之",二"之"字原歇不得手。

《论语》原典·有司章

仲弓为季氏宰,问政。子曰:"先有司,赦小过,举贤才。"曰:"焉知贤才而举之?"子曰:"举尔所知。尔所不知,人其舍诸?"

译文 仲弓做了季氏的家臣,问为政之道。孔子说:"诸事先责成手下负责具体事务的官吏,赦免他们的小过失,选拔贤才来担任职事。"

仲弓又问:"怎样知道谁是贤才而选拔出来呢?"孔子说:"选拔你所知道的;至于你不知道的贤才,别人难道会舍弃他们吗?"

♡ 张岱 姚承庵

朋友圈纵横谈(▌为原文)

姚承庵

> 论政事的人,贵在识大规矩。"先有司"这三句话,是政事的大规矩。选拔所知道的贤才,而不知道的人就交给别人去选拔,也是推举贤才的大规矩,这是因为仲弓最擅长的,都在于一个"简"字,所以孔夫子也跟他说"简"。
>
> ▌姚承庵曰:论政者,贵识体。"先有司"三句,是政之大体。"举尔所知",而所不知者,付之他人,亦举贤才之大体,盖仲弓得力,全在一"简",故夫子亦与之言"简"。

张岱

> 这一段主要是在说用人。不说赦免罪恶,而是说赦免过失,那么所谓有过失的人,不是指普通老百姓,分明是指官吏。
>
> ▌主用人说,盖不曰赦罪,而曰赦过,则所谓过者,非下民也,亦明属有司类矣。

《四书遇》导读

《论语》原典·正名章

子路曰:"卫君待子而为政,子将奚先?"子曰:"必也正名乎?"子路曰:"有是哉,子之迂也!奚其正?"子曰:"野哉,由也!君子于其所不知,盖阙如也。名不正,则言不顺;言不顺,则事不成;事不成,则礼乐不兴;礼乐不兴,则刑罚不中;刑罚不中,则民无所措手足。故君子名之必可言也,言之必可行也。君子于其言,无所苟而已矣。"

译文　子路对孔子说:"卫国国君等着您去治理国家,您打算先从什么事情做呢?"孔子说:"首先必须是正名分吧?"子路说:"有这样做的吗?您太不合时宜了。名怎么正呢?"孔子说:"真粗野啊,仲由!君子对于自己所不知道的事情,应当避而不谈。名分不正,说话就不顺当合理,说话不顺当合理,事情就办不成。事情办不成,礼乐也就不能兴盛。礼乐不能兴盛,刑罚就不能中肯得当。刑罚不中肯得当,百姓就会手足无措。所以,君子所定的名分一定是能够言说的,说出来一定是可以行得通的。君子对于自己所说的话,是从不马马虎虎对待的。"

♡　张岱　徐自溟

朋友圈纵横谈(▬为原文)

张岱

圣人用"正名"的方法来救卫国的骚乱,就如同孟子认为"不嗜杀人"能够统一天下一样,都是找到病根来医治它。药到病除,圣贤说的原来都不是谎话。自古以来伦理混乱纲纪泯灭的朝廷,必定会大肆杀戮,以达到钳服人心的目的,所以孔子单独列举"刑罚不中"来说。譬如说我们明朝的燕王朱棣以靖难之名攻打建文帝,只是因为名不正言不顺,就大肆将忠义之族抄家,不知道杀害了多少生命!

▇ 圣人以"正名"救卫乱,如孟子以"不嗜杀人"一天下,都是穷其病之所始而药之。药到病除,圣贤初非诳语。古来乱伦灭纪之朝,必大肆杀戮,以箝服人心,故单举"刑罚不中"来说。如我明靖难朝,只为不正不顺,蔓抄赤族,不知杀害多少生灵!

徐自溟

卫国君主只是因为存有一个苟且坐着国君位置的念头,所以对于祖孙父子的名分,都不考顾念体恤了。孔夫子直接将这一点说破,正是想要去除他的苟且之心,以阐发自己之所以要"正名"的意图。

▇ 徐自溟曰:卫君只缘其有一念苟且得国之心,故于祖孙父子之名,俱不顾恤。夫子直头道破,正欲去其苟心,以发己所以"正名"之意。

《论语》原典·农圃章

樊迟请学稼。子曰："吾不如老农。"请学为圃。曰："吾不如老圃。"樊迟出，子曰："小人哉，樊须也！上好礼，则民莫敢不敬；上好义，则民莫敢不服；上好信，则民莫敢不用情。夫如是，则四方之民襁负其子而至矣，焉用稼？"

译文　樊迟向孔子请教如何种庄稼。孔子说："我不如老农。"樊迟又请教如何管理园圃。孔子说："我不如老园丁。"樊迟离开以后，孔子说："真是一个在野小人，樊须啊！在上位者重视礼，老百姓就不敢不敬畏；在上位者重视义，老百姓就不敢不服从；在上位者重视信，老百姓就不敢不真心实意。要是做到这样，四面八方的老百姓就会背着自己襁褓中的小孩来归附，哪里用得着自己去学种庄稼呢？"

♡ 张岱

朋友圈纵横谈（▮ 为原文）

张岱

> 老农老圃，毕竟不是君子寄托性命的事业。樊迟心中其实是有这个癖好，所以孔子又特地指出了"小人"两个字，用来点破他的学问的根源。下文都是要把君子经世致用的大学问解说透彻，如果只是说统治者和人民相互感应的话，就是因小失大了。

张岱讲《论语》·子路第十三

▇ 老农老圃,毕竟非君子之所托业。樊迟胸中实有是癖,故又特为点出"小人"两字,以破其学问种子。下节全要把大人经世大学意说得透彻,若只讲上下感应话头,便顾奴失主。

《论语》原典·诵诗章

子曰:"诵诗三百,授之以政,不达;使于四方,不能专对;虽多,亦奚以为?"

译文　孔子说:"一个人诵背《诗》三百首,让他处理政务却不能通达,让他出使四方却不能独立地应对,即便诵背得很多,又有什么用呢?"

♡ 张岱

朋友圈纵横谈(▇为原文)

张岱

　　古人读书,哪怕是一句话一个字就能终身受用,更何况是诵读《诗经》三百篇呢?授予他政事,不能通达,派他出使四方国家,不能独立应对,这跟长着两只脚的书柜有什么区别呢?所以@程子说:"一个人如果在没有读过《论语》时是这个样子,读过《论语》之后依然是这个样子,那这个人就等于没有读过《论语》。"

▇ 古人读书,只一句一字且终身用之不尽,何况诵《诗》三百乎?乃授政不达,不能专对,与两脚书橱亦复何异?故程子曰:"凡人未读《论语》时是这样人,读过《论语》时仍旧是这样人,此人只当不曾读得《论语》。"

张岱

《诗经》记载了十五个国家的风俗,东周西周的常道与变化,凡是民间风俗、官吏的管理和治绩、山川、各方土地所适宜生长的物品,无所不包,所以应该能够"达政",应该能够"专对",又不是"不学《诗》,无以言"的说法了。有一句谚语叫作"登高作赋,可以为大夫",就是这个意思。

▇ 《诗》载十五国之风,东西周之正变,凡民风、吏治、山川、土宜、无所不备,故应"达政",应"专对",又非学《诗》可言之说。语云"登高作赋,可以为大夫"即是此意。

《论语》原典·身正章

子曰:"其身正,不令而行;其身不正,虽令不从。"

译文　孔子说："自身行为正当了，即便不发布政令，诸事都能畅行；自身行为不正，即便发布政令，下面的人也不会服从。"

♡　张岱

朋友圈纵横谈（▰为原文）

张岱

> 唐代宗让杨绾主持政事，郭子仪听说了以后，正用丰盛的筵席宴请宾客，马上撤掉了准备用来表演的十分之四的歌姬舞女。这就是"不令而行"的一个例证。
>
> ▰唐使杨绾为政，郭汾阳闻之，方盛筵宴客，遂撤座间声伎十分之四。"不令而行"，此是一证。

《论语》原典·鲁卫章

子曰："鲁卫之政，兄弟也。"

译文　孔子说："鲁国和卫国的政事，就像兄弟一样。"

♡　张岱

朋友圈纵横谈（■ 为原文）

张岱

> 世人在解释"兄弟"这个词的时候，都是把鲁国和卫国的不好事情拿来比较的，他们不知道孔夫子说这句的本意，正是为了周公和康叔的遗风仍在，而没有被振兴起来的缘故。感叹它们的衰落，有惋惜的意思，也有希望的意思。
>
> 后面的三章都是在卫国时说的话。孔夫子看到卫国的人民生活富庶，有在卫国大展才能的意图，所有才有了这句话，不得将它纯粹理解为一种感慨。
>
> ■ 世解"兄弟"，都把鲁卫不好事来较量，不知夫子本意，正为周公康叔之遗风犹在，而无振起之故。叹其衰，有惜之意，有望之意。
>
> 以下三章皆适卫之语。夫子见其居民富庶，有用卫之思，故有是言，不得纯用慨叹。

《论语》原典·居室章

子谓卫公子荆："善居室。始有，曰：'苟合矣。'少有，曰：'苟完矣。'富有，曰：'苟美矣。'"

译文 孔子谈到卫国的公子荆时说:"他善于处理家业,财货器具刚开始有一点,他说:'差不多也就够了。'稍多一点时,他说:'差不多就算完备了。'更多的时候,他说:'差不多算是完美了'。"

♡ 张岱　姚承庵　李衷一

朋友圈纵横谈（■为原文）

姚承庵

三个"曰"字只是用来说明他心中的想法。他的善全部体现在三个"苟"字和三个"矣"字上。"苟"就是俗语中所说的"将就些"的意思。"矣"就是到此为止而不再有过分的愿望了的意思。

■ 姚承庵曰:三"曰"字只形容他心里的口气。善处全在三"苟"字,三"矣"字。"苟"者犹俗云将就歇的话。"矣"是止于是而不复过望之词。

李衷一

卫国的公子荆的富有,是他所处的位分所应当有的,假如想要厌倦而逃离,那么就像是陈仲子那样违背节令而甘于贫穷,又不是善了。

■ 李衷一曰:公子荆之富,自是其本分应有的。假如欲厌而逃之,如陈仲子矫节甘贫,却又未善。

张岱

"始有"是没有达到"合",所以说是"苟合";"少有"是没有达到"完",所以说"苟完";"富有"是没有达到"美",所以说"苟美"。所以说他"不以欲速尽美累其心(不因想要快速实现美而劳累心)"。现在有人把"始有"当作"合"来看,已经"合"了而说是"苟",是贪心,而不是知道停止。这种理解是可笑的。

📖 "始有"未至于"合"而曰"苟合";"少有"未至于"完"而曰"苟完";"富有"未至于"美"而曰"苟美"。故曰"不以欲速尽美累其心"。今人先把始有作合看,既合而曰"苟",是贪也,非知止也。可笑。

《论语》原典·适卫章

子适卫,冉有仆。子曰:"庶矣哉!"冉有曰:"既庶矣,又何加焉?"曰:"富之。"曰:"既富矣,又何加焉?"曰:"教之。"

译文 孔子到卫国去,冉有为他驾车。孔子说:"卫国人口真多呀!"冉有说:"人口已经够多了,还要再做什么呢?"孔子说:"使他们富起来。"冉有说:"富了以后,还要再做什么呢?"孔子说:"进行教化。"

♡ 张岱　沈无回　张侗初

张岱讲《论语》·子路第十三

朋友圈纵横谈（为原文）

沈无回

"庶矣哉"三个字，孔夫子即便不说"富"和"教"，而无穷的事务都已经具备在其中了。想当年孔夫子将这句话说出口的时候，其治国的抱负与才干简直是充满宇宙。

 沈无回曰："庶矣哉"三字，夫子即不言"富""教"，而无穷情事已尽备其中矣。想夫子出口时，直是经纶满宇宙。

张侗初

人口众多而使他们富足，富足了之后再进行教化，万古以来治理国家的方法，就只是这辆车上的问答内容。

 张侗初曰：庶而富，富而教，万古经纶，只在车上问答。

张岱

两次问"何加"，可以看出圣贤为人民思虑深切的心意。"富""教"两个字只是为了保其"庶"，这是根据卫国的情况而说的，不必一定连

517

带着卫国的人民。

"庶矣"这一感叹，有徘徊留恋的意思，单单将其看作悲伤感叹，就是相距甚远了。

▌ 两言"何加"见圣贤惓惓为民之意。"富""教"二字只是保其"庶"，因卫而发，不必粘着卫民。

"庶矣"一叹，有低回留连之意，单作悲感语，便是一纸万重。

《论语》原典·用我章

子曰："苟有用我者，期月而已可也，三年有成。"

译文　孔子说："如果有人重用我，一个月就可以初成气候，三年就一定会有成效。"

♡　张岱　周季侯

朋友圈纵横谈（▌为原文）

周季侯

孔夫子切实看到当时的局势都是可以挽回的，所以考虑在一年和三年之间，定个期限，不只是想用它来解除当年晏子说他"累世不能殚其学"的嘲笑。孔子的意思注重在"三年有成"上。

> 周季侯曰：夫子实见得当世时局尽可挽回，故斟酌于期月、三年之间，定个程期，非只以此解当年累世之嘲也。夫子意重三年句。

张岱

> 鲁国重用孔子，到了三个月的时候鲁国安定繁荣，这便是"期月而已可也"的效果验证。孔子生平什么时候说过大话呢？
>
> 鲁用孔子，至三月而鲁国大治，此便是"期月而已可也"之效验。孔子生平何尝肯打诳语！

《论语》原典·善人章

子曰："'善人为邦百年，亦可以胜残去杀矣。'诚哉是言也！"

译文　孔子说："'善人治理国家，经过一百年，也就可以去除残暴，消灭杀伐。'这话真对呀！"

♡　张岱　周季侯

朋友圈纵横谈（▇为原文）

 周季侯

春秋时期，只崇尚残忍暴虐，是一片杀戮世界。孔夫子悲伤痛心，所以感慨着想起了古人之言，说不用圣王来治理世界，即便是善人来治理也能够消除残暴杀伐，真是一字一泪啊。"诚哉"这句话，要完整地体会孔夫子的诚恳真切，如果只是认为是赞叹的语气，恐怕还没有完全理解。

▇周季侯曰：时至春秋，专尚残酷，一片俱是杀业世界。夫子惨然有痛于心，故慨然遐想古人之言，谓不必圣王制世，便得善人亦可以胜残去杀，此一字一滴泪也。"诚哉"一句，全要体贴此意，说得恳切，若只着赞叹口气，恐犹未尽。

《论语》原典·王者章

子曰："如有王者，必世而后仁。"

译文　孔子说："如果有王者兴起，也必须三十年时间，才能使仁道行于天下呀。"

♡ 张岱

朋友圈纵横谈（ 📖 为原文）

张岱

> 王者，是指能够振兴大道安定国家的王者，而不是接受天命的王者。这里的"仁"字和别处也不一样，是普遍教导化育、没有一个人不去贯彻的意思。汉代的汉高祖、汉惠帝努力贯彻，到了汉文帝、汉景帝时候达到天下大治；周代的周文王、周武王努力贯彻，到了周成王、周康王的时候达到天下大治，都是"如有王者，必世而后仁"的表现。
>
> 📖 王者，谓兴道致治之王者，非受命之王者也。此"仁"字与它处不同，是教化浃洽，无一人不贯彻底意思。汉之高、惠，至于文、景，周之文、武，至于成、康，皆是其候。

《论语》原典·正身章

子曰："苟正其身矣，于从政乎何有？不能正其身，如正人何？"

译文 孔子说："如果自身端正了，从政还有什么困难呢？如果不能端正自身，怎能使别人端正呢？"

♡ 张岱

朋友圈纵横谈（▮ 为原文）

张岱

> 本章是专门对大夫说的，为"政者正也（治理国家的人应身正）"加了一个注脚，也为"子帅以正，孰敢不正（你以身正为表率，别人怎敢不身正）"说了一句启发性的转语。
> ▮ 专为大夫而发，为"政者正也"下一注脚，又为"子帅以正，孰敢不正"下一转语。

《论语》原典·退朝章

冉子退朝。子曰："何晏也？"对曰："有政。"子曰："其事也。如有政，虽不吾以，吾其与闻之。"

译文 冉求退朝回来。孔子说："你怎么回来这么晚呀？"冉求说："有政事。"孔子说："只是季氏家事吧？如果有国政，虽然国君不用我了，我也会听说的。"

♡ 张岱

张岱讲《论语》·子路第十三

朋友圈纵横谈（ 为原文）

张岱

> 季氏在家里私自议论朝政，就像是贾似道在半闲堂和宾客姬妾评议军国大事一样。孔夫子假装不知道，跟冉有一起辨明政与事的区别。他通过这些话来使季氏警醒、冉有开悟，也是想将大义存于天地之间，这就是孔子日后写作《春秋》的伏笔。
>
> ▨ 季氏议朝政于私家，俨然是贾似道半闲堂，与宾客姬妾评论军国大事。夫子佯为不知，乃与之辨政与事。然借此言以警季氏、悟冉有，亦欲存此义于天地之间，便是后日作《春秋》张本。

《论语》原典·一言章

定公问："一言而可以兴邦，有诸？"孔子对曰："言不可以若是其几也。人之言曰：'为君难，为臣不易。'如知为君之难也，不几乎一言而兴邦乎？"曰："一言而丧邦，有诸？"孔子对曰："言不可以若是其几也。人之言曰：'予无乐乎为君，唯其言而莫予违也。'如其善而莫之违也，不亦善乎？如不善而莫之违也，不几乎一言而丧邦乎？"

译文　鲁定公问："一句话就可以使国家兴盛，有吗？"孔子回答："没有这样的话语，但有近似的。有人说：'做君难，做臣不易。'如果知道了做君主的难处，这不近乎于一句话就可以使国家兴盛吗？"鲁定公又问:"一句话就可以亡国,有吗?"孔子回答:"没有这样的话语,但有近似的。有人说:'我做君主并没有什么可高兴的,唯一高兴的是我所说的话没有人敢于违抗。'如果说得对而没有人违抗,不也很好吗?如果说得不对而没有人违抗,那不就近乎于一句话可以亡国吗?"

♡ 张岱　真西山

朋友圈纵横谈(▬ 为原文)

真西山

　　大禹谈论君臣之义,用"后克艰厥后,臣克艰厥臣(君能克服君之艰难,臣能克服臣之艰难)"(语出《尚书·大禹谟》)这一句话来概括。孔子告诉鲁定公的话,跟大禹所说如出一辙。子思告诉卫侯:"你的国家大势,即将一天不如一天了。你说的话自己认为是正确的,而卿大夫都不敢议论其中的错误;卿大夫说的话自己认为是正确的,而士人庶人都不敢议论其中的错误。"这就是所谓的"唯予言而莫予违也"。如果真的是这样,没有不灭亡的;能不戒惧吗!

　　▬ 真西山曰:大禹言君臣之义,蔽之以克艰之一言。孔子告定公之言,与禹若出一揆。子思之告卫侯曰:"君之国事,将日非矣。君出言自以为是,而卿大夫莫敢议其非;卿大夫出言自以为是,而士庶人莫敢议其非。"此所谓"唯予言而莫予违也"。苟如是,未有不亡;可不戒哉!

张岱

夏桀和商纣王统治期间也有龙逢、比干这样正直之臣,自古以来哪有完全不敢违逆的呢?但是就君主乐于没人反对的情况来推断,一定会有诛杀忠臣重用佞臣的事情。只是这一个念头,就足以使国家灭亡,哪里还用讨论善或不善呢。"如其""不亦",就等于说:如果真的是这样,只是还没有灭亡罢了,早晚会灭亡的。

桀纣之世亦生龙逢、比干,千古来安有莫逆?但就其意所乐推之,必有诛忠崇佞之事。只此一念,尽足丧邦,何论善之不善矣。"如其""不亦",犹云:倘其如是,尚未丧亡耳。

《论语》原典·叶公章

叶公问政。子曰:"近者说,远者来。"

译文　叶公问孔子为政之道。孔子说:"使近处的人高兴,使远处的人来归附。"

♡　张岱

朋友圈纵横谈（■为原文）

张岱

《孔子家语》记载：子贡向孔子问政说："以前齐国国君向您询问如何治理国家，您说'治理国家的关键在于节省财力'。鲁国国君向您询问如何治理国家，您说'治理国家的关键在于了解大臣'。叶公向您询问如何治理国家，您说'治理国家的关键在于让近处的人高兴，让远处的人来依附'。三个人的问题是一样的，而您的回答却不同，为什么呢？"孔子回答："根据各国不同的情况来治理。齐国国君治理国家，建造很多楼台水榭，修筑很多园林宫殿，声色享乐，无时无刻，有的时候一天就能赏赐三个家族各一千辆战车，所以说治理国家的关键在于节财。鲁国国君有三个大臣，在朝廷内相互勾结，愚弄国君，在朝廷外排斥诸侯国的宾客以遮盖他们明察的目光。所以说治理国家的关键在于了解大臣。楚国国土广阔而都城狭小，民众想离开那里，不安心在那儿居住，所以说治理国家的关键在于让近处的人高兴让远方的人来依附。这三个国家的情况不同，所以施政方针也不同。"

■《家语》曰：子贡问政于孔子，曰："昔者齐公问政，夫子曰'政在节财'。鲁君问政，夫子曰'政在谕臣'。叶公问政，夫子曰'政在悦近而来远'。问政同，而答异，何也？"子曰："各因其事也。齐君为国，奢乎台榭，淫乎苑囿，五官妓乐，不懈于时，一旦而赐人以千乘之家者三，故曰'政在节财'。鲁君有臣三人，内比周以愚其君，外距诸侯之宾以蔽其明，故曰'政在谕臣'。夫荆之地广而都狭，民有离心，莫安其居，故曰'政在悦近而来远'。此三者，所以为政殊矣。"

《论语》原典·莒父章

子夏为莒父宰。问政。子曰："无欲速，无见小利。欲速，则不达；见小利，则大事不成。"

译文　子夏做莒父的城宰，问为政之道。孔子说："不要求速成，不要贪图小利。求速成，反而达不到目的；贪图小利，就做不成大事。"

♡ 张岱

朋友圈纵横谈（▰ 为原文）

张岱

做事情的第一要义就是要有耐心，一切的挫折、困顿、欢喜、爱慕的情况都要忍耐过去，才是治理国家的能者。如果能够被刺激得动，牵引得动，那么他的成就终究是有限的。

▮ 做事第一要耐烦心肠，一切跌磕、蹭蹬、欢喜、爱慕景象都忍耐过去，才是经纶好手。若激得动，引得上，到底结果有限。

《论语》原典·直躬章

叶公语孔子曰："吾党有直躬者，其父攘羊，而子证之。"孔子曰："吾党之直者异于是：父为子隐，子为父隐。——直在其中矣。"

译文　叶公对孔子说："我的家乡有个正直的人，他的父亲偷了别人的羊，他出来作证了。"孔子说："我家乡的正直的人和你讲的这个人不一样：父亲为儿子隐瞒，儿子为父亲隐瞒。正直之道就在其中了。"

♡ 张岱　周季侯

朋友圈纵横谈（▮为原文）

周季侯

直，就是根据人的第一念而表现出来的东西。才到分别计度的第二念出现的时候，就早已经有转折在其中了。父子互为隐瞒，即使是在短暂的睡梦之中，也本来就会如此，不需要考虑商量之后才隐瞒。所以说"直在其中"。朱熹注解"不求为直"四个字，说得非常直接清楚。

　　📖 周季侯曰：直者，率其最初第一念而出之者也。才落第二念，早已有转折矣。在父子相隐，卒然梦寐之中，亦自如此，不必着拟议而后隐也。故曰"直在其中"。注"不求为直"四字，说得直截醒快。

张岱

　　春秋时期的乱臣贼子，小则违抗君父的命令，大则弑君谋反，总是要与君父扯上关系。孔子点出父子之间的深情，正是诛灭其谋逆之心的办法。

　　📖 春秋时乱臣贼子，小则抗君父，大则弑逆，总是要与君父讲道理耳。圣人说出父子至情，政是诛心之法。

《论语》原典·樊迟章

　　樊迟问仁。子曰："居处恭，执事敬，与人忠。虽之夷狄，不可弃也。"

　　译文　樊迟问为仁之道。孔子说："独居时能规规矩矩，做事认真庄重，对待他人忠心诚意。即使到了夷狄之邦，也不可背弃这些原则。"

　　♡　张岱　汤宣城

朋友圈纵横谈（为原文）

汤霍林

> 应该将整段话当作一个整体来看，最后一句是顺着前面三句而来的递推，跟"造次颠沛必于是（流离失所生活困顿也一定这样）"的意思是一样的。一定是要到夷狄之地都不抛弃，才是没有不谨慎的，没有不敬畏的，没有不忠诚的。而合在一起来说，就是没有不仁德的。
>
> 汤霍林曰：通节须打成一片看，末句乃是从上三句而紧煞之词，犹"造次颠沛必于是"意。必到夷狄不弃，方是无不恭，无不敬，无不忠。而合之，即是无不仁。

《论语》原典·行己章

子贡问曰："何如斯可谓之士矣？"子曰："行己有耻，使于四方，不辱君命，可谓士矣。"曰："敢问其次。"曰："宗族称孝焉，乡党称弟焉。"曰："敢问其次。"曰："言必信，行必果，硁硁然小人哉！抑亦可以为次矣。"曰："今之从政者何如？"子曰："噫！斗筲之人，何足算也？"

译文 子贡问道："怎样做才能叫做士？"孔子说："自己行事时有知耻之心，出使各方，能够不辱没君主交付的使命，可以叫做士。"子贡说："请问次一等是怎样的呢？"孔子说："宗族之人称赞他孝顺父母，乡里之人称赞他尊敬兄长。"子贡又问:"请问再次一等是怎样的呢?"孔子说:"说到一定做到,做事一定坚持到底,坚定固执得像石头一样,那是小人啊!但也可以说是再次一等的士了。"子贡说:"现在的从政者怎么样呢?"孔子说:"唉!那些都是器量狭小的人,哪里能算数呢?"

♡ 张岱

朋友圈纵横谈(■为原文)

张岱

> 士人行事,以自己没有成为圣贤为耻,不是空怀歉疚。这一点有很大的用处。当他作为使者的时候,就以辱没君命为耻;当他居住在乡间的时候,就以不孝悌为耻。言行一致,说到做到,也是这样不愿做出无耻之事。现在从政的人,大多都是没有羞耻心的人,所以是不算数的。
>
> 说到自身的践行,就不能抛弃家国四方,只去空谈性命之学,所以孔子观察判断士人,一定会选取对天下国家有实际用处的人。
>
> ■ 士人行己,耻己之不为圣贤,不是空空抱歉。此中有许大作用在。当其为使,则耻辱君命;当其居乡,则耻不孝弟;必信必果,亦只是为不肯无耻。今之从政,大都皆无耻之流矣,故不足算。
>
> 说个行己,便不得舍却四方,空谈性命,故知尼山相士,定取其实实有益于天下国家。

《论语》原典·中行章

子曰:"不得中行而与之,必也狂狷乎!狂者进取,狷者有所不为也。"

译文 孔子说:"我找不到奉行中道之人一起做事,只有与狂者、狷者一起了!狂者上进有为,狷者有所不为。"

♡ 张岱 汤宣城

朋友圈纵横谈(▬ 为原文)

张岱

"与之",是与他怎样做事呢?只是看到狂者的进取,我就可以跟他在一起;狷者有些事情是不会去做的,我就可以跟他在一起做事。这两种人光明磊落,不必一定要达到中道,就已经足够完成自己的使命了。

▬ "与之",是与他怎么?只看狂者进取,吾便可与;狷者有所不为,我便可与。有为二人落落,不必更得中行,已足全肩担子矣。

汤宣城

不要用中道的标准去说狂者和狷者不好,孔子是确实见到了狂者和狷者的优点,所以才特别思念他们。

汤宣城曰:不要把中行形容狂狷不好,圣人实见得狂狷好处,故特地思他。

《论语》原典·无恒章

子曰:"南人有言曰:'人而无恒,不可以作巫医。'善夫。""不恒其德,或承之羞。"子曰:"不占而已矣。"

译文 孔子说:"南方人有句话说:'人如果没有恒心,就不能当巫医。'这句话说得好啊!""人不能长久地保持德行,可能会遭受耻辱。"孔子说:"这些用不着去占卜就可以知道。"

♡ 张岱

朋友圈纵横谈(为原文)

张岱

把"恒"字当作恒心来理解为好,不可以把不能做巫医这件事当作"羞"。这个"羞"是发自内心的羞愧，不是别人给予他的。没有恒心的人，他的心中已经没有安然不变的主宰了，所以"羞"用"或"来说。

▮ "恒"以恒心说好，不可把不可为巫医作"羞"字。此"羞"为内出之愧，非人奉而进之也。无恒之人，他心中已无定主，故"羞"谓之曰"或"。

《论语》原典·和同章

子曰："君子和而不同，小人同而不和。"

译文　孔子说："君子讲求和合而不强求相同，小人只求相同而不讲求和合。"

♡ 张岱

朋友圈纵横谈（▮为原文）

张岱

君子心中不立城府，不设町畦，而像牌坊、华表一样具有导向作用的东西自然存在。小人可以忘记举动神色，可以共享车马衣裘，但兴趣志向是完全不同的。这里面的分寸，自然可以用来判断公心私心。

> 君子城府不立，町畦不设，而坊表自存。小人形迹可忘，衣裘可共，而臭味自别。其间分寸，自判公私。

《论语》原典·乡人章

子贡问曰："乡人皆好之，何如？"子曰："未可也。""乡人皆恶之，何如？"子曰："未可也。不如乡人之善者好之，其不善者恶之。"

译文　子贡问孔子："一乡人都喜欢他，怎么样呢？"孔子说："不一定就是好。"子贡又问孔子："一乡人都厌恶他，怎么样？"孔子说："不一定就是不好的。不如一乡的好人都喜欢他，一乡的坏人都厌恶他。"

♡　张岱　沈无回　韩求仲

朋友圈纵横谈（为原文）

沈无回

> 子贡提出"乡人皆好"这个问题，已经悄悄陷入了乡愿的窠臼中了。"皆好"，不可求取；"皆

恶"，并非出于本意。孔夫子用乡人中善和不善两类人的不同反应回答他，就使外表忠厚讨人喜欢的乡愿没有立足之处了。

> 沈无回曰：子贡"乡人皆好"之问，已隐然入乡愿窠臼中矣。"皆好"，不可求之；"皆恶"，非本意也。夫子以乡人之善不善者答之，乡愿遂无站脚之处。

韩求仲

> 乡人有喜欢的和厌恶的，也有善人和恶人，所以判断一个人，不应该用别人的好恶来断定他的善恶，而应该用善人和恶人的不同好恶来判断好恶。本身已经很明确了，还有什么别的纠葛呢？

> 韩求仲云：乡人有好恶，亦有善恶，故取人者，不当以好恶之善恶为善恶，而当以善恶之好恶为好恶。已自明了，有何葛藤？

《论语》原典·易事章

子曰："君子易事而难说也。说之不以道，不说也；及其使人也，器之。小人难事而易说也。说之虽不以道，说也；及其使人也，求备焉。"

译文　孔子说："侍奉君子很容易，但很难取得他的喜欢。不按正道去讨他的喜欢,他是不会喜欢的。但是当他任用人的时候,总是量才而用;侍奉小人很难,但要取得他的喜欢是很容易的。不按正道去讨他的喜欢,也会得到他的喜欢。但等到他任用人的时候,却总是求全责备。"

♡ 张岱

朋友圈纵横谈(为原文)

张岱

  君子心很热脸很冷,即使千方百计地投其所好,也不能投中他所想要的,但他很爱惜人才,对待人很宽容。小人外表严厉而内心很软弱,如果委曲己意而去迎合他,一定能得到他的欢心,但是小人求全责备,对待别人只有苛刻。世上有正气的人物,自然都是面目严肃冷淡,但却有着宽胸怀热心肠,人们很容易服侍他,更加觉得他的胸怀如汪洋千顷。

  君子气甚热而面甚冷,百计投之,不能中其所欲,而意在怜才,待人未尝不恕;小人色甚厉而心甚荏,曲意逢之,无不得其欢心,而意在求全,待人惟有一刻。世间正气人物,自然面目严冷,只是大肚皮热心肠,人人好服侍他,更觉汪洋千顷耳。

《论语》原典·泰骄章

子曰:"君子泰而不骄,小人骄而不泰。"

译文　孔子说:"君子舒泰而不骄矜,小人骄矜而不舒泰。"

♡ 张岱

朋友圈纵横谈(▬ 为原文)

张岱

"泰"是由道德来的,"骄"是从意气生的,应该知道得意昂扬的骄气和纯然自生的宽厚温和的德容,必然是不能够相提并论的。

▬ "泰"从道德生来,"骄"从意气使出,要知吐气扬眉与晬面盎背,自不可同年而语。

《论语》原典·近仁章

子曰:"刚、毅、木、讷近仁。"

译文　孔子说:"刚强、坚毅、质朴、讷言,这四者接近于仁。"

♡ 张岱　程颐

朋友圈纵横谈（为原文）

 程颐

> 因为轻浮机巧的，都和仁相差甚远，所以刚毅木讷为"近仁"。这正好和"巧言令色"是相反的。
>
> 程子曰：只为轻浮巧利的，去仁甚远，故以此为"近仁"。此正与"巧言令色"相反。

《论语》原典·切偲章

子路问曰："何如斯可谓之士矣？"子曰："切切偲偲，怡怡如也，可谓士矣。朋友切切偲偲，兄弟怡怡。"

译文　子路问孔子，说："怎样才可以称为士呢？"孔子说："互助督促勉励，相处和和气气，可以算是士了。朋友之间互相督促勉励，兄弟之间相处和和气气。"

♡　张岱　张侗初

朋友圈纵横谈（为原文）

张侗初

"士"本来是有大涵养的人，切磋而和悦，不过是浑然天成的画面，朋友兄弟，也都是自然而然，同类相招罢了。有差别的地方容易看到，没有差别的地方难以知道。

张侗初曰："士"元是大涵养的人，切偲怡怡，不过浑成图画，朋友兄弟，亦是自然流出，肖物而付耳。有分别处易见，无分别处难知。

《论语》原典·即戎章

子曰："善人教民七年，亦可以即戎矣。"

译文　孔子说："善人在位，用七年的时间教化百姓，也就可以叫他们去当兵打仗了。"

♡ 张岱

朋友圈纵横谈（为原文）

张岱

> 七年要有着落，世间现成的有四种人：圣人、君子、善人、恒人。圣人用七十天的时间，能使有苗前来归附；君子用三年的时间，能使人民有勇气且知道义；恒人用十年的时间，能使得军民同心同德，积聚力量，发愤图强，以洗刷耻辱。而善人的功绩显现的时间，正好需要七年。他本来所教的东西，原本不是为了让他们上战场，而是礼义已经昌明，参加战争自然勇猛，即便是让他们去参加战争，也不是不可以的。针对本章写文章的人，一定要重点提出"亦可"这两个字加以阐述。
>
> 七年要有着落，圣人、君子、善人、有恒，世间现成有此四项人。圣人七旬，而能格有苗；君子三年，而能有勇知方；恒人十年，而能生聚教训。则善人功候，刚在七年。盖其所教，原不为即戎，而礼义既明，战阵自勇即以从戎，亦无不可。作者全要剔出"亦可"二字。

《论语》原典·教战章

子曰："以不教民战，是谓弃之。"

《四书遇》导读

译文　孔子说："让没有经过训练的老百姓去打仗，这就等于抛弃他们。"

♡　张岱

朋友圈纵横谈（▨为原文）

张岱

> 齐桓公和晋文公之后，统治者大都在较量争斗，将人民驱赶到刀光剑影的战场上，不知道一个"教"字，所以孔夫子上一章说"善人教民"，这里说"以不教民战"。"教"则可以使百姓参加战争，"不教"就是说放弃了他们。然而人民死在刀枪之下，不是因为刀枪，而是统治者自己，话说得非常诚恳真切。
>
> ▨ 桓文后，大都角力争斗，驱民于锋镝，不识"教"之一字，故夫子上说"善人教民"，此说"以不教民战"。"教"则可以即戎，"不教"是谓弃之。然则民之死于兵，非兵也，我也，言甚恺切。

宪问第十四

《论语》原典·宪问章

宪问耻。子曰:"邦有道,谷;邦无道,谷,耻也。"

译文 原宪问什么是可耻的。孔子说:"国家治理有序时尸位素餐,国家治理混乱时仍然尸位素餐,是可耻的。"

♡ 张岱 葛屺瞻

朋友圈纵横谈(▮为原文)

葛屺瞻

国家有道则应当建功立业,国家无道则应当尽力拯救。即便是没有出仕,也应当有所预备。什么时候没有事情可做呢?只说拿报酬的人什么事也不做,就是跟俗语所说的吃饭混日子一样。不仅是指拿国家俸禄,即便是拿卿大夫家的俸禄也是如此。"谷"字,不能当作"禄"字来解释。

▮ 葛屺瞻曰:有道则当建白,无道则当拯救。即未仕,而其具亦当预办。那一时没有事做?单言谷者,绝不做事,即俗云吃饭过日子相似。不但食君禄,即家食亦是。"谷"字,不可解作"禄"字。

《论语》原典·克伐章

"克、伐、怨、欲不行焉,可以为仁矣?"子曰:"可以为难矣,仁则吾不知也。"

译文 (原宪又问:)"好胜、自夸、怨恨、欲念都没有的人,可以算是仁吧?"孔子说:"可以说是很难做到的了,但若说能否算是仁,我就不知道了。"

♡ 张岱 卓去病

朋友圈纵横谈(▆为原文)

卓去病

> 孔夫子通过治理千乘之国和束带立朝来解说事功,不能当作本体;通过清白和忠诚来说名节,不能当作本体;在此处说功夫,也不能当作本体。并不是说去除好胜、自夸、怨恨、贪欲还不够,而是说很难做到。
>
> ▆卓去病曰:夫子于千乘立朝说事功,当不得本体;于清忠说名节,当不得本体;于此处说功夫,当不得本体。非以克、伐、怨、欲为不足,为难也。

《论语》原典·怀居章

子曰:"士而怀居,不足以为士矣。"

译文 孔子说:"一个士,如果贪恋家乡的安逸生活,就算不上士了。"

♡ 张岱　管登之　耿楚侗

朋友圈纵横谈(▆为原文)

管登之

怀恋居室即是怀恋家乡,是说将自己当作一家之私,而没有肩负起天下国家的志向。

▆管登之曰:怀居即怀土。谓私其身于一家,而无天下国家之志也。

耿楚侗

世俗情感浓的地方能够淡得下,世俗情感苦恼的地方能够耐得住,世俗情感烦扰的地方能够闲得下,世俗情感牵绊的地方能够斩得断,这就是学问真正有用之处。

▆耿楚侗曰:俗情浓艳处淡得下,俗情苦恼处耐得下,俗情劳扰处闲得下,俗情牵绊处斩得下,斯为学问真得力处。

《四书遇》导读

《论语》原典·危言章

子曰:"邦有道,危言危行;邦无道,危行言孙。"

译文　孔子说:"国家有道,便正言正行;国家无道,便要行为正直而说话谦和谨慎。"

♡　张岱　宋羽皇　李卓吾

朋友圈纵横谈(▰为原文)

 宋羽皇

整章的重点在于"行"。君子处在国家有道的时期,言行固然都是正义的。即便是国家无道,行为依然是正直的,变得逊顺的,只是改变之前说话没有约束的情况。品质清正而外在圆融,志气削弱而骨气增强,这正可以看出君子经世致用的妙处。

▰ 宋羽皇曰:通章重"行"一边。君子处有道、固"言"与"行"而俱危。即无道之世,"行"亦危而不变,所"孙"者,特言语之间少检点以出之耳。清其质而浊其文,弱其志而强其骨。此正见君子经纶之妙。

李卓吾

"邦有道"之时,"危言"在"危行"之前;"邦无道"之时,"言逊"在"危行"之后。"危言危行","危"字是在"言"字之前的;"危行言逊","逊"字是在"言"字之后的。其间多少反复的考量,多少变化,不可不知!

📖 李卓吾曰:"邦有道","危言"在"危行"之前;"邦无道","言孙"在"危行"之后。"危言危行","危"字在"言"字之上;"危行言孙","孙"字在"言"字之下。多少斟酌,多少变化,不可不知!

《论语》原典·有德章

子曰:"有德者必有言,有言者不必有德。仁者必有勇,勇者不必有仁。"

译文 孔子说:"有品德之人,一定有合乎道德的言论,但有合乎道德的言论之人并不一定有德。仁人一定是有勇气的,但有勇气的人不一定有仁德。"

♡ 张岱

张岱

这句话是专门针对那些用语言来修饰品德、用匹夫之勇来冒充仁德的人说的。在其中辨别真假，不注重"言"和"勇"，而全是让人扩充修养内在品德。

▨ 此专为人之以言饰德、以勇冒仁者发。就中别出诚伪，不重"言"与"勇"，全是要人充养在内。

 张侗初

"必有言""必有勇"这句话，要重视"必有"两个字。无言也是有言，无勇也是勇敢，如果有了言语有了勇敢，就不一定有德也不一定有仁了。

▨ 张侗初曰："必有言""必有勇"，要看个"必有"二字。无言亦言，无勇亦勇也，若有言有勇，既有矣，便不必有德，不必有仁。

《论语》原典·南宫章

南宫适问于孔子曰："羿善射，奡荡舟，俱不得其死然。禹、稷躬稼而有天下。"夫子不答。南宫适出，子曰："君子哉若人！尚德哉若人！"

张岱讲《论语》·宪问第十四

译文 南宫适问孔子,说:"羿善于射箭,奡善于水战,能荡覆敌人的战船,但最后都不得好死。禹和稷都亲自种植庄稼,但最后得到了天下。"孔子没有回答。南宫适出去之后,孔子说:"这个人真是个君子呀!这个人真崇尚道德!"

♡ 张岱

朋友圈纵横谈(▰为原文)

张岱

孔子写《春秋》只写事件而不作判断,根据事情的真相公正地书写,将其中的是非交给千秋万代的人去评判。孔夫子不回答南宫适,也是这个意思。

南宫适所说的话是指善恶有报,积善之人必有余庆,积恶之人必有余殃,实实在在的事情和道理,既阻断了世人侥幸的念头,也扫除了我们这样的人感慨不平之气。@何复子说:想要超越世俗的人,不能没有这样一种志向;想要经世的人,不可以没有这样一种观点。

▰ 孔子作《春秋》有案而无断,据事直书,其是非付之千秋万世已矣。夫子之不答南宫适,亦是此意。

南宫适之言是惠吉逆凶,积善余庆,积恶余

殃，实事实理，既斩世人侥幸念头，且扫我辈感慨意气。何复子曰：欲超世者，不可无此一段志趣；欲维世者，不可无此一段议论。

张岱

"羿善射，奡荡舟，俱不得其死"这句话，不应该和"由也不得其死然"这句话当作同一种例证。因为对子路的判断是在事情没有发生之前，而羿、奡二人的事件是已经发生过的。

▰ "羿善射，奡荡舟，俱不得其死"为句，不当如"由也不得其死然"例。盖由也未然，而羿、奡则已然也。

《论语》原典·君子章

子曰："君子而不仁者有矣夫，未有小人而仁者也。"

译文　孔子说："君子之中或许也会有不仁之人，但没有一个小人是有仁德的人。"

♡ 张岱

朋友圈纵横谈（为原文）

 张岱

"有矣夫"是想象猜测的词语,不能当作一定是真的。这是孔夫子提醒人心的话,正是"人心惟危,道心惟微"的意思。

 "有矣夫"是想象亿度之词,不得泥实。此是夫子提醒人心语,正所为危微之辨。

 张岱

君子就好像是日食月食一样,他的不仁之处是可以清楚地看到的,所以他的仁也是自然存在的。小人经常假借名分道义,自称为仁,然而这样做正是增加了他的不仁。"未有"两个字是表示确定语气的助词,是决不让小人依傍于仁之名对其丑恶进行掩饰。

 君子如日月之食,明见其不仁,故其仁自在;小人未尝不假借名理,自附于仁,然正所以济其不仁也。"未有"二字是决词,是决不开小人以依傍之门,使小人有所遮饰也。

《论语》原典·劳诲章

子曰:"爱之,能勿劳乎?忠焉,能勿诲乎?"

译文 孔子说:"爱他,能不教他勤勉吗?忠于他,能不用正道来规劝他吗?"

♡ 张岱   李卓吾

朋友圈纵横谈(▮为原文)

张岱

这是教人如何忠和爱,不是在抒发情感。因为"劳"和"诲"是作为父亲和作为臣子所缺乏的,所以孔夫子警醒他们。

▮ 此是教人忠爱,不是阐发至情。盖"劳""诲"是为父为臣者所不足,故夫子醒之。

李卓吾

爱子女,所以说"爱之";自己忠,所以说"忠焉"。一个字不同,就有无限的涵义在。

▮ 李卓吾曰:爱子,故曰"爱之";自忠,故曰"忠焉"。一字之异,便有无限义味。

《论语》原典·为命章

子曰:"为命,裨谌草创之,世叔讨论之,行人子羽修饰之,东里子产润色之。"

译文 孔子说:"郑国发表的应对他国使者的辞令,都是由裨谌起草,再经世叔讨论内容,然后由外交官子羽加以修饰,最后由东里子产作最终的润色。"

♡ 张岱 王元美

朋友圈纵横谈(■为原文)

王元美

郑国是子产在掌管国家政事。按照《左传》的记载,裨谌等三个人都是由子产推荐的。叔向说:"子产善于外交辞令,诸侯都因此得利。"可见是子产能够用其他三个人的长处,不能够将他们四个人当作相同的地位来看。

■ 王元美曰:郑国是子产执政。按《左传》,裨谌三人皆子产所荐。叔向云:"子产有辞,诸侯赖之。"可见子产能用三子之长,不得概作四平。

《论语》原典·子产章

或问子产。子曰:"惠人也。"问子西。曰:"彼哉!彼哉!"问管仲。曰:"人也。夺伯氏骈邑三百,饭蔬食,没齿无怨言。"

译文 有人问子产是个怎样的人。孔子说:"是个对人民有恩惠的人。"又问子西。孔子说:"他呀!他呀!"又问管仲。孔子说:"他这个人,剥夺了伯氏的骈邑三百家,使伯氏终生吃粗茶淡饭,但直到老死也没有怨言。"

♡ 张岱 苏东坡

朋友圈纵横谈(▇为原文)

苏东坡

> 管仲对于人民的功勋是非常多的,而这里单单说这件事,剥夺了别人的城邑而别人对他没有怨言,这是德的最高境界了。我认为向北讨伐山戎、向南使强悍的楚国臣服是容易的,而让伯氏心服是难的,管仲剥夺伯氏城邑而不招致怨恨,诸葛亮贬李平废廖立而不招致怨恨,古今也只有他们二人能做到。
>
> ▇ 苏东坡曰:管仲勋烈之在人者多矣,而独言此者,夺邑而人不怨,德之至者也。吾尝以为北伐山戎、南服强楚易,而服伯氏之心难,管仲之于伯氏,诸葛孔明之于李平、廖立,盖古今二人而已。

《论语》原典·无怨章

子曰:"贫而无怨难,富而无骄易。"

译文　孔子说:"贫穷而没有怨恨是很难做到的,富裕而不骄傲是很容易做到的。"

♡　张岱　丘毛伯

朋友圈纵横谈(📖 为原文)

丘毛伯

> 春秋时期,富贵者都非常骄纵,骄纵则会逼迫在上者欺凌在下者,有什么不敢做的呢。孔夫子感到忧心,于是说"贫而无怨",是困难的!如果说"富而无骄",稍微知道节制就可以了,也没什么难的,奈何当时的富贵者都是非常骄纵的呢?意思是在言语之外的。
>
> 📖 丘毛伯曰:春秋时,富贵者皆骄,骄则逼上凌下,何所不至。夫子伤之,乃曰"贫而无怨",乃为难耳!若夫"富而无骄",即稍知节制者能之,此亦无甚难者,而奈何世之富者尽骄耶?意在言外。

《论语》原典 · 公绰章

子曰:"孟公绰为赵、魏老则优,不可以为滕、薛大夫。"

译文　孔子说:"孟公绰做晋国赵家、魏家的家臣,是行有余力的,但不能去做滕国、薛国的大夫。"

♡　张岱

朋友圈纵横谈（▮为原文）

张岱

> 　　下一章说"公绰之不欲",可以知道孟公绰一定是一个性格恬静、淡泊、谦让的人,所以做家臣之长,即便是去晋国的赵、魏两家做都是游刃有余的;但做大夫,即便是滕、薛这样的小国也是才力不够的。
>
> 　　▮下章言"公绰之不欲",则其人必恬澹廉退之人,故为老,虽赵魏亦优;大夫,虽滕薛不足。

《论语》原典 · 成人章

子路问成人。子曰:"若臧武仲之知,公绰之不欲,卞庄子之勇,冉求之艺,文之以礼乐,亦可以为成人矣。"曰:"今之成人者何必然？见利思义，见危授命，久要不忘平生之言，亦可以为成人矣。"

译文　子路问怎样才能成为一个完人。孔子说："像臧武仲那样智慧，孟公绰那样无欲，卞庄子那样勇敢，冉求那样多才多艺，再用礼乐加以修饰，也就可以成为一个完人了。"子路说："现在的完人何必一定要这样呢？见到利能想到义，遇到危险能不惜生命，对旧交不忘平生的诺言，也可以成为一位完人。"

♡　张岱　张侗初　沈无回

朋友圈纵横谈（■为原文）

张侗初

> 智、廉、勇、艺，修养恰到好处就是天性的展现，就是"文之以礼乐"，就像用众多的花来酿蜜，酿成的蜜里没有花；用众多味道来调羹，调成的羹里不凸显任何一味。所以@张九成说：必须知道礼乐不是修饰的工具，而是其中玄奥的名称。
>
> ■张侗初曰：智、廉、勇、艺，恰好处便是天性，便是"文之以礼乐"，如众花酿蜜，成蜜则无花；众味调羹，成羹则无味。故张子韶云：须知礼乐非文具，乃是其中造化名。

沈无回

不说"礼乐以文之",而说"文之以礼乐",是将那四个人都放入礼乐之中,而不再见到那四个人在,所以说"可以成人"。

📖 沈无回曰:不曰礼乐以文之,而曰"文之以礼乐"是浑将四子推入礼乐中去,不复见有四子在,故曰"可以成人"。

张岱

宋代学者冯时行将"今之成人"这段话当作是子路说的,不仅仅是因为他的语气和本节是一致的,"曰"这个字也更有归属了。我们应该采用这种说法。

宋儒冯氏以"今之成人"节作子路语,不独其语气,相消于本节,"曰"字更有着落,此说当从。

《论语》原典·公叔章

子问公叔文子于公明贾曰:"信乎,夫子不言,不笑,不取乎?"公明贾对曰:"以告者过也,夫子时然后言,人不厌其言;乐然后笑,人不厌其笑;义然后取,人不厌其取。"子曰:"其然?岂其然乎?"

译文 孔子向公明贾问到公叔文子:"真的吗?文子先生他平常不说、不笑、不取人钱财?"公明贾回答:"告诉你这些话的人说得过分了。先生他该说的时候才说,所以别人不厌恶他说话;快乐时才笑,所以别人不厌恶他笑;合于道义的钱财他才会取,所以别人不厌恶他取。"孔子说:"是这样吗?竟然真是这样吗?"

♡ 张岱 徐玄扈

朋友圈纵横谈(▰为原文)

徐玄扈

当时巧言令色成为风气,贪心假冒也毫不忌讳,孔夫子感到忧心。孔子猜测文子应该确有其实,是完全可以引领世风的,公明贾认为文子是合乎时宜而无过无不及,对他的评价更高一等。孔夫子也没有料到当今之世竟然有这样的人,所以说"其然?岂其然?"就像是在说:文子的贤德,竟然达到了这样的地步!也是惊讶赞赏的意思。如果反着猜测文子是不能达到这样境界的,就不是孔子引导教化的意思了。

▰ 徐玄扈曰:时方巧令成风,贪冒不忌,夫子伤之。意文子审有其实,尽可风世,乃贾目以时中,便加人一等矣。夫子亦不意当世有此等人,故

> 曰"其然？岂其然"？若曰：文子之贤，一至此乎！夫亦惊愕叹赏焉耳。若逆料其不能，殊非圣人接引之意。

《论语》原典·武仲章

子曰："臧武仲以防求为后于鲁，虽曰不要君，吾不信也。"

译文　孔子说："臧武仲凭借防城去请求鲁君在鲁国立臧氏后代，虽然他说不是要挟君主，但我不能相信。"

♡ 张岱

朋友圈纵横谈（▇为原文）

张岱

> 第一句是事件，后面两句是推断，"以防"两个字是书写的技法。因为武仲请鲁君立自己的后人，不是在获罪逃往邾国的时候，而是在从邾国逃到防城之后。意思是如果请鲁君立自己的后代而鲁君准许了，那么防城就依旧是武仲的防城；如果鲁君没有准许，那么就要在防城叛变了。防城，并不是鲁国的土地。拿着防城来请求立其后代的举动，其实是要挟鲁君一定要遵从，所以说"要君"。

这是孔夫子推断出他最隐秘的目的。如果批评武仲太激烈,那么就人人都知道他要挟国君了。"虽曰"那两句话,不仅是为了诛灭武仲的不臣之心,也是在感慨当时的罚而失当。

　　▎首句是案,下二句是断,"以防"二字是书法。盖武仲请后,不得在罪奔邾之时,而在自邾如防之日。意以请而得立,则防犹武仲之防;请而不得立,则将据防以叛。防,非鲁之有也。请防之举,实是要之以必从,故曰"要君"。

　　此是夫子推见至隐。若说得武仲太狠,则人人知其要矣。"虽曰"二语,不止为武仲诛心,正慨当时之佚罚也。

《论语》原典·晋文章

子曰:"晋文公谲而不正,齐桓公正而不谲。"

译文　孔子说:"晋文公诡谲而不正义,齐桓公正义而不诡谲。"

♡　张岱

朋友圈纵横谈（▇ 为原文）

张岱

> 《杨子卮言》说：春秋五霸最大的当属齐桓公和晋文公，齐桓公晋文公做的最大的事情就是会盟，会盟事件，最大型就是葵丘会盟和践土会盟。然而齐桓公主持葵丘会盟，是为了确定天子以安定王室，属于大义之举，所以说"齐桓公正而不谲"。而践土会盟，是晋文公为了挟制天子以号令诸侯，是为了私心，所以说"晋文公谲而不正。"
>
> ▇《杨子卮言》曰：五霸莫大于桓文，桓文莫大于会盟，会盟之举，莫大于葵丘践土。然葵丘之会，定天子以安王室，大义也，故曰齐桓公正而不谲。践土之会，挟天子以令诸侯，私情也，故曰"晋文公谲而不正。"

《论语》原典·九合章

子路曰："桓公杀公子纠，召忽死之，管仲不死。"曰："未仁乎？"子曰："桓公九合诸侯，不以兵车，管仲之力也。如其仁，如其仁。"

译文　子路说："齐桓公杀了公子纠，召忽为公子纠自杀了，但管仲却没有自杀。"又说："管仲这是不仁吗？"孔子说："齐桓公多次召集各诸侯国会盟，并不是凭借武力，这都是管仲的功劳啊。这就是他的仁了，这就是他的仁了。"

♡ 张岱

朋友圈纵横谈（为原文）

张岱

> 公子纠虽然死在了鲁国，其实是齐桓公导致的，所以说"桓公杀公子纠"。"未仁乎"，是就管仲的心术而言的；"如其仁"，是就管仲的功绩而言的。
>
> 子纠虽死于鲁，实出桓公之所使，故曰"桓公杀公子纠"。"未仁乎"，以心术言，"如其仁"，以事功言。

《论语》原典·一匡章

子贡曰："管仲非仁者与？桓公杀公子纠，不能死，又相之。"子曰："管仲相桓公，霸诸侯，一匡天下，民到于今受其赐。微管仲，吾其被发左衽矣。岂若匹夫匹妇之为谅也，自经于沟渎而莫之知也？"

译文　子贡问："管仲不算是仁人吧？齐桓公杀了公子纠，他不能为公子纠而死，反而做了齐桓公的宰相。"孔子说："管仲辅佐齐桓公，称霸诸侯，匡正天下，老百姓至今还享受着他的恩赐。如果没有管仲，恐怕我们也成了披散着头发、衣襟向左开的蛮夷了。哪能像匹夫匹妇那样恪守小节，自杀在小水沟里而谁也不知道呀？"

♡ 张岱　孙淮海

朋友圈纵横谈（▬ 为原文）

 孙淮海

> 匹夫匹妇那样的小信义，不是在说召忽的死，是说管仲可以不死。不是认为召忽的死是不正当的，是说管仲的不死也不是为了苟且偷生。
>
> ▬ 孙淮海曰：匹夫匹妇之谅，不是说召忽之死，是说管仲之可以无死也；非以召忽之死为未当，是说管仲之不死亦不为苟生也。

 徐自溟

> 管仲既然能帮助天下人民摆脱变成披发左衽的蛮夷的命运，又怎么肯在一个沟渎里结束生命呢。
>
> ▬ 徐自溟曰：仲既能脱天下被发左衽，又岂肯自置身于沟渎。

《论语》原典·文子章

公叔文子之臣大夫僎与文子同升诸公。子闻之曰："可以为'文'矣。"

译文 公叔文子的家臣僎和文子同进为公朝之臣。孔子听说这件事以后说:"公叔文子可以用'文'字来做他的谥号了。"

♡ 张岱 张侗初

朋友圈纵横谈(▌为原文)

张侗初

为国家推荐人才是好事,更何况是引荐家臣和自己同朝为官,不是大公无私的人能做到这样吗?因为公叔文子有这件事情,所以孔子称赞他说"可以为文",其实不是从文字上来解释的。

▌张侗初曰:荐宝为国是美事,况以家臣而引之同仕公室,非其大公无我者能乎?因公叔文子有此事,故赞之曰"可以为文",其实不在文字上作解也。

张岱

公叔文子去世,他的儿子请卫君为他赐谥号,卫君说:"卫国曾经遭受饥荒,公叔文子施粥给那些饥饿的卫国人,这不是惠吗?卫国有难,公叔文子以死来保护我,这不是贞吗?主持卫国国政,建议尊卑的秩序并与四方邻国交好,卫国的社稷没有受到损害,这不是文吗?"所以赐给他谥号为贞惠文子。看这些,可以知道文子的谥号为文,本来并不是因为他举荐了僎。孔子说即便是这一件事,他也足以能够被称为文了,这是为《春秋》补充了一种给予谥号的方法。

> 公叔文子卒,其子请谥,君曰:"昔日卫国凶馁,夫子为粥与国之馁者,不亦惠乎?卫国有难,夫子以其死卫寡人,不亦贞乎?听卫国之政,修其班制以与四邻交,卫之社稷不辱,不亦文乎?"故谥为贞惠文子。观此,则文子谥文,原不为荐僎起见。孔子谓即此一事,亦可为之文矣,盖为《春秋》补一谥法。

《论语》原典·卫灵章

子言卫灵公之无道也,康子曰:"夫如是,奚而不丧?"孔子曰:"仲叔圉治宾客,祝鲍治宗庙,王孙贾治军旅。夫如是,奚其丧?"

译文 孔子述说卫灵公的无道,季康子说:"既然如此,为什么他没有丧失国君之位呢?"孔子说:"因为他有仲叔圉为他管理宾客,祝鲍为他掌管宗庙祭祀,王孙贾为他统率军队。像这样,怎么会丧失国君之位呢?"

♡ 张岱

朋友圈纵横谈（为原文）

张岱

> 仲叔圉这三个人，虽然不是什么正人君子，但都有一种可取的长处。卫灵公恰当地任用了他们的才能，尚且可以求得生存，更何况人才不止三个，君主又不像卫灵公那样昏庸的国家呢？谚语说"贫家勤扫地，丑妇净梳头"，虽不完美也能够挽救一半，人才对于国家的作用也是这样的。
>
> 仲叔圉三人，虽非正人，而皆有一长可取。卫灵公用当其才，尚可以图存，而况才不止于三人，其君又不若灵公之无道乎？谚曰"贫家勤扫地，丑妇净梳头"，也救得一半，则人才之关系于国家也如此。

《论语》原典·不怍章

子曰："其言之不怍，则为之也难。"

译文　孔子说："如果说话大言不惭，那么去践行就很困难了。"

♡ 张岱

朋友圈纵横谈（▋为原文）

张岱

世间大言不惭的人，不用说日后他所说的没有一种可以兑现，就是他夸夸其谈，丝毫不惭愧，那样一种浮华不实、骄傲自大的样子，有见识的人看到他，就觉得非常可恶，所以孔夫子说"为之也难"。即便是在开口的时候，就早已说破了。

▋世间大言不惭之人，不必论其向后一无成立。即其抵掌而谈，毫无愧怍，一种虚骄之气，明眼人见之，直恁可恶，故夫子说"为之也难"。即在启口时，早已说破。

《论语》原典·请讨章

陈成子弑简公。孔子沐浴而朝，告于哀公曰："陈恒弑其君，请讨之。"公曰："告夫三子！"孔子曰："以吾从大夫之后，不敢不告也。君曰'告夫三子'者！"之三子告，不可。孔子曰："以吾从大夫之后，不敢不告也。"

译文　陈成子杀了他的国君齐简公。孔子斋戒沐浴后去上朝，对鲁哀公说："陈恒杀了他的国君，请发兵去讨伐他。"哀公说："你去告诉那三位大夫吧。"孔子退朝后说："因为我是告老的大夫，所以不敢不来上报国君，国君却说'你去告诉那三位大夫吧'！"孔子去向那三位大夫报告,但他们不愿发兵讨伐,孔子又说:"因为我是告老的大夫,所以不敢不来报告呀!"

♡ 张岱 袁了凡 沈无回

朋友圈纵横谈(▇为原文)

袁了凡

> 孔子并非不知道鲁哀公的不能讨伐,也不是不知道三桓的不愿意讨伐,而一定要告诉他们,是想要让三桓明白大义。纵使对齐国没有什么帮助,而强调君臣之间重要的界限,也可以默默夺取强干之臣的胆魄。
>
> ▇ 袁了凡曰:孔子非不知哀公之不能讨,亦非不知三子之不欲讨,而必以告者,欲明大义于三家也。纵无益于齐,而君臣之大防,犹可默夺强臣之魄。

沈无回

> 春秋时期,被杀掉的君主有三十六个。讨伐逆贼的大义,已经在人们心中消失很久了。孔夫子以告老之大夫的身份,将这种大义揭示给天下人,而后来万世都知道陈恒是漏网的大逆不道之人,三桓

就是没有暴露出来的篡权者陈恒。

> 沈无回曰：春秋之世，杀君三十六。讨贼之义，泯灭于人心久矣。夫子以告老之大夫，提揭于天下，而万世之下知陈恒为漏网之大逆，三家为未露之陈恒。

张岱

孔子写《春秋》写到"获麟"之后就搁笔了，而本章相当于又续写了一段，孔夫子的功劳，难道不伟大吗？

> 当麟经绝笔之后，而复续出一段《春秋》，夫子之功，岂不伟与？

《论语》原典·事君章

子路问事君。子曰："勿欺也，而犯之。"

译文　子路问侍奉君主之道。孔子说："不要欺骗他，但可以犯颜直谏。"

♡　张岱　李卓吾

朋友圈纵横谈（ 为原文）

张岱

"不欺"是认真扪心自问的言语，可知一直以来像朱云为了进谏攀折朝堂的栏杆、陈禾在奏对时扯破宋徽宗的衣服，这样的事情还是属于意气用事。

 "不欺"是细细问心之言，见从来折槛碎衣犹然落于意气。

 李卓吾

所不知道的事情都算是"欺"，不然的话，子路怎么可能会有"欺"呢！

 李卓吾曰：知之所不到都是"欺"，不然，子路安得有"欺"也！

《论语》原典·上达章

子曰："君子上达，小人下达。"

译文 孔子说："君子长进向上，小人沉沦向下。"

♡ 张岱　沈无回

朋友圈纵横谈（▨ 为原文）

沈无回

> 从善就像是登山一样，从恶就像山崩一样，天理、人欲都有不能自己停止的势头，君子停不住从善的脚步，小人也无法停住脚步。
>
> ▨ 沈无回曰：从善若登，从恶若崩，理、欲皆有不能自已之势，君子便住脚不得，小人亦留脚不住。

《论语》原典·为己章

子曰："古之学者为己，今之学者为人。"

译文　孔子说："古代学者学习是为修养自己，而现在学者学习是为了给别人看。"

♡　张岱　徐儆弦　张侗初

朋友圈纵横谈（为原文）

徐儆弦

"为己"，则天地万物都属于自己；"为人"，则形体耳目都属于别人。只有"为己"，所以能约束自己；只是"为人"，所以会更加失去人心。

徐儆弦曰："为己"，则天地万物皆属之己；"为人"，则形骸耳目皆属之人。惟"为己"，故能"克己"；惟"为人"，故益失人。

张侗初

善，不一定使别人感觉到，但凡有一个好的念头，就是善；恶，不一定使人痛恨，但凡有一个留难的念头，就是恶。只是这些，就是"为己"和"为人"的区别。

张侗初曰：善，不必使人感，但一念恰好者，善也；恶不必使人恨，但一念过不去者，恶也。只此，是"为己""为人"之别。

《论语》原典·客过章

蘧伯玉使人于孔子。孔子与之坐而问焉,曰:"夫子何为?"对曰:"夫子欲寡其过而未能也。"使者出,子曰:"使乎!使乎!"

译文　蘧伯玉派使者去拜访孔子。孔子和使者一起坐下,然后问道:"你家先生近来做些什么事?"使者回答:"先生想要减少自己的过错,但总觉得还未能做到。"使者离开了,孔子说:"好一位使者啊,好一位使者啊!"

♡ 张岱

朋友圈纵横谈（▨为原文）

张岱

蘧伯玉和孔子的真性情,千里之间的相互往来,彼此都是不言而喻的。这其中的使者之言,也都是他们真性情的借景。减少过失而自己觉得未能达到,一句话说到了点子上,就好像是知己对面而谈,感叹还觉得不够,所以咏叹歌颂,所谓的"使乎!使乎!"就是这样的。

▨蘧伯玉与圣人真气味,千里往来,彼此都是不言而喻。其间使命,亦是借景。寡过、未能,一言道着,便如知己面承,嗟叹之不足,故咏歌之,所谓"使乎!使乎!"者是也。

《论语》原典·出位章

曾子曰:"君子思不出其位。"

译文 曾子说:"君子思考问题,不超出自己当前的地位。"

♡ 张岱 李衷一

朋友圈纵横谈(▉为原文)

李衷一

　　这个"位"字与上一章中"不在其位"的"位"字不同,应该用《艮》卦的"艮"字来理解。朱熹《四书集注》中注解的这句"止其所,而天下之理得"最为恰当。在这个位置而不去思考,和不在这个位置而越俎代庖地去思考,都是出位。思考不超出自己的位分,不仅仅是尽到当尽的职责,并且也能使自己的心安定,这正是君子的懂得停止的学问。

　　▉李衷一曰:此"位"字与"不在其位"二字不同,当以《艮》卦"艮"字理会。注"止其所,而天下之理得"句最好。位在而废思,与位不在而越思,都是出位。思不出位,不惟尽其分,且亦能定其心,正是君子得止之学。

《论语》原典·耻言章

子曰:"君子耻其言而过其行。"

译文　孔子说:"君子以言语超过了行动为耻。"

♡ 张岱

朋友圈纵横谈(▌为原文)

张岱

> 言语浮夸,超过自身实际行为的人,非常可耻。这与前面章节中提到的"其言之不怍,则为之也难"的这句话,是同一种感慨。
>
> ▌言而过其行者,深为可耻。与前章不怍为难之言,同一慨叹。

《论语》原典·自道章

子曰:"君子道者三,我无能焉:仁者不忧,知者不惑,勇者不惧。"子贡曰:"夫子自道也。"

译文　孔子说:"君子所践行的有三个方面,我没有能做到:仁德的人不忧愁,智慧的人不迷惑,勇敢的人不畏惧。"子贡说:"这正是老师在表述自己呀!"

♡ 张岱　陈眉公　李衷一

朋友圈纵横谈（为原文）

张岱

"不忧""不惧""不惑",原本就是孔夫子自己描述自己心得的话。说不能,说他自认不能,都是痴人说梦。

 "不忧""不惧""不惑",原是夫子自写心得之言。说无能,说自道其无能,都是梦语。

 陈眉公

圣明到孔子的这种地步,他看待自己简直和愚昧没什么两样,哪里又能说他有能力呢?如果能看到自己能,那就不是圣人之道了。如果看到了自己能,却故意谦虚地说不能,也不是圣人的本心。

 陈眉公曰:圣至夫子地位,其自视直与颛蒙无两体,又何处道其有能?若见以为能,便非圣人之道。若见以为能,而故谦处于不能,尤非圣人之心。

李衷一

不说君子之道有三种,而说"君子道者三",是说君子所实践的有三个方面。"仁者""知者""勇者",这三"者"字,正好对应"君子之道者三"的"者"字。

李衷一曰:不曰君子之道三,而曰"君子道者三",盖言君子所道者也。"仁者""知者""勇者",三"者"字,正领君子道者的"者"字。

《论语》原典·方人章

子贡方人。子曰:"赐也,贤乎哉?夫我则不暇。"

译文　子贡对别人评头论足。孔子说:"赐啊,你真那么贤能吗?我就没有这闲工夫。"

♡　张岱　邹东郭

朋友圈纵横谈（为原文）

邹东郭

> 学者喜欢比较异同，却错失了自己应做的功夫，就算是比较得非常清楚，对我又有什么助益呢？就像是总共收入了百万的税粮，都在别人肚子里，自己依旧是个穷人，没有一勺可以供自己受用的。
>
> 邹东郭曰：学者喜较异同，却错过了自家功夫，就使较勘甚明，与我何益？譬如总算手收人户百万税粮，尽在伊腹中，依旧是条穷汉，无勺合受用。

《论语》原典·患人章

子曰："不患人之不己知，患其不能也。"

译文　孔子说："不担忧别人不知道自己，只担忧自己没有才能。"

♡　张岱　邹东郭

朋友圈纵横谈（为原文）

邹东郭

> 学习而为了增加才能，是修养自己的实际功效。如果说增加自己的才能以求得别人的赏识，那么依然还是一个担心别人不赏识自己的心理。
>
> 邹东郭曰：学而求能，乃为己之实功。若谓求能以为人知也，则犹然是患人不己知之心也。

《论语》原典·先觉章

子曰："不逆诈，不亿不信，抑亦先觉者，是贤乎！"

译文　孔子说："不预设别人欺诈，也不猜测别人不诚信，然而遇到这种情况又能事先觉察到，这就很好了。"

♡ 张岱

朋友圈纵横谈（为原文）

张岱

> "先"这个字要体会认知，就像镜子在这里，没有物体的时候，也是具有照的功能的。是先有照

张岱讲《论语》·宪问第十四

的功能以等待物体来照,不是物体到了之后才寻求照的功能。"贤"在这里是个活用的字,就如同说:这样才好,不是指贤人。

▪ "先"字亦要体认,如镜在此,无物,亦未尝不照。盖先有照以待物,非物至而索照也。"贤"字是活字,犹云:这个才好,不指人说。

《论语》原典·为佞章

微生亩谓孔子曰:"丘何为是栖栖者与?无乃为佞乎?"孔子曰:"非敢为佞也,疾固也。"

译文 微生亩对孔子说:"孔丘,你为什么这样奔波忙碌呢?难道是要用自己的花言巧语来取信于人吗?"孔子说:"我不敢花言巧语,只是厌恶做一个顽固不化的人。"

♡ 张岱

朋友圈纵横谈(▪ 为原文)

张岱

郑国有人嘲笑站在东门的孔子,颓丧得像一只丧家犬,鲜明地刻画出了孔子栖栖遑遑的样子。孔子开心地笑着说:"外貌都是小事情,而说我像丧家之犬，是这样啊！是这样啊！"孔子也认为自己是栖栖遑遑的，但微生亩仗着长辈的身份而倨傲地问，所以孔子不得不将自己周游列国的本意正式地告诉当时的人。

▨ 东门之讥，以孔子为累累若丧家之狗，分明画出栖栖情状。孔子欣然笑曰："形状，末也；而似丧家之狗，然哉！然哉！"，孔子未尝不以栖栖自任，但微生亩之言，挟长而傲，故不得不以周流本意正告当时。

《论语》原典·称德章

子曰："骥不称其力，称其德也。"

译文 孔子说："一匹马被称为良马，不是在称赞它的气力，而是在称赞它的品德。"

♡ 张岱　钱绪山　何宗元

朋友圈纵横谈（▮为原文）

钱绪山

士人应该先注重德行然后施展才华；马应该先驯良顺然后才能行千里。这是孔夫子注重本质的主张。

▮ 钱绪山曰：士先德器而后才能；马先驯良而后千里。此夫子重本之论。

何宗元

善于骑马的人，在马德中取用它的力量；善于相马的人，在马的力量之外还要嘉赏它的德行。玩味本文中的两个"称"字，言语之外还有深刻的意味。

▮ 何宗元曰：善御马者，取其力于德之中；善相马者，嘉其德于力之外。玩本文两"称"字，言外煞有深意在。

《论语》原典·报怨章

或曰："以德报怨，何如？"子曰："何以报德？以直报怨，以德报德。"

译文 有人说:"用恩德来回报怨恨如何?"孔子说:"那用什么来回报恩德呢?应当客观公正地回报怨恨,用恩德来回报恩德。"

♡ 张岱　丘毛伯　艾千子

朋友圈纵横谈(▬ 为原文)

丘毛伯

> 心中没有枉曲就是直,根据理来衡量,不委曲自己以博取仁厚的名声,不过于苛刻以至于损伤天理。不能因为修养羞耻之心的缘故而吹毛求疵,不能因为避嫌的缘故反而不遵从法律,这就是直。
>
> ▬ 丘毛伯曰:心无所曲为直,据理为衡,不曲意以博厚名,不过刻以伤天理。不以修睿之故太索瑕,不以避嫌之故反屈法,是之谓直。

艾千子

> "怨"和"仇"字是不同的。父母之仇,兄弟之仇,君主之仇,都是不能不报的。《论语》当中"怨"字和"仇"字都是不同的。只有当他止步于"怨",那么爱憎取舍,都是公正无私的,用客观公正的方式来回报!

> 艾千子曰:"怨"字与"仇"字不同。父母之仇,兄弟之仇,君之仇,此不可不报者也。《论语》中"怨"字皆不得与"仇"字较。惟其止于"怨",则爱憎取舍,一以至公而无私,以直报之耳!

《论语》原典·莫知章

子曰:"莫我知也夫!"子贡曰:"何为其莫知子也?"子曰:"不怨天,不尤人,下学而上达。知我者其天乎!"

译文 孔子说:"没有人能够了解我啊!"子贡说:"为什么说没有人了解您呢?"孔子说:"我不抱怨天,不责备人,于日用伦常处学习而上达于天道。了解我的也许只有天吧!"

♡ 张岱 袁七泽 王阳明

朋友圈纵横谈(▇ 为原文)

 袁七泽

> 孔夫子顺应机缘,任运自如地穿衣吃饭,既不怨天,也不尤人,世人都认为这是很平常的学问。不知道这就是上达。所谓"神功并妙用,运水及搬柴",越是平常的功夫越有深意。

> 袁七泽曰：夫子随缘任运着衣吃饭，也不怨天，也不尤人，世谓此寻常下学耳。不知即是上达也。所谓"神功并妙用，运水及搬柴"，此义愈淡愈深。

 王阳明

> 凡是可以用功的，可以告诉别人的，都是"下学"；"上达"之存在"下学"里。凡是圣人所说的即便是极其精微的学问，也都是"下学"。只要从"下学"上用功夫，自然能够"上达"，不是在这之外还要另外寻找一个"上达"的功夫。
>
> 王阳明曰：凡可用功，可告语者，皆"下学"；"上达"只在"下学"里。凡圣人所说虽极精微，俱是"下学"。只从"下学"里用功，自然"上达"去，不必别寻个"上达"功夫。

《论语》原典·伯寮章

公伯寮愬子路于季孙。子服景伯以告，曰："夫子固有惑志于公伯寮，吾力犹能肆诸市朝。"子曰："道之将行也与，命也。道之将废也与，命也。公伯寮其如命何！"

译文　公伯寮向季孙进子路的谗言。子服景伯把这件事告诉孔子，并且说:"季孙已经被公伯寮的谗言迷惑了,我的力量还能够使季孙相信我并把公伯寮杀了,将他陈尸于市。"孔子说:"道如果能够施行,是天命;道如果不能施行,也是天命。公伯寮能拿天命怎么样呢?"

♡ 张岱

朋友圈纵横谈(为原文)

张岱

齐氏说:在鲁国而做国家蛀虫的,莫过于季氏了。孔子在鲁国掌管政事,大体上就是要祛除他们的僭越;而勇于承担政令,取消卿大夫的私人武装,拆除郈城和费城城墙的人,就是子路。公伯寮进子路的谗言,本就是想借此阻挠孔子的,所以孔子这里不是考虑子路的祸福,而是说大道的兴废。

齐氏曰:鲁为公室之蠹者,莫如季氏。孔子为政于鲁,大率欲裁其僭;而勇于承令,以出藏甲,堕郈、费者,子路也。公伯寮愬子路,固假手以阻孔子,故孔子不为子路祸福计,而有吾道兴废之说云。

《论语》原典·避世章

子曰:"贤者辟世,其次辟地,其次辟色,其次辟言。"

译文 孔子说:"贤人避开社会而隐居,次一等的就避开一个地方到另外一个地方去,再次一等的就避开别人难看的脸色,再次一等的就避开别人难听的话。"

♡ 张岱

朋友圈纵横谈(▊为原文)

张岱

在春秋时期,有圣人的力量,才能够经世。如果只是贤人,只应该"辟(避)世"。三个"其次",都是在不能"辟世"的情况下,又找出三个选项。"辟地""辟色""辟言",真的有"鸟见人颜色不善或四围情势有异,即举身飞去,盘旋审视之后再栖息于树上"的意思。即便是圣人也不能没有这种洞察入微的觉悟。

▊时至春秋,有圣人之力量,方可用世。若只是贤者,只合"辟世"。三个"其次",皆从不能"辟世"之中,又寻出此三项也。"辟地","辟色","辟言",真有"色斯举矣,翔而后集"之意。在圣人亦不可无此见几。

《论语》原典·作者章

子曰:"作者七人矣。"

译文　孔子说:"这样做的已经有七个人了。"

♡ 张岱

朋友圈纵横谈(▋为原文)

张岱

> 这句话似乎是接着上一章"辟世""辟地""辟色""辟言"来说的,现在见到一些苗头而行动的人,已经有七个了。在这个时候,确实有天地闭合、贤人隐居的感慨。
> ▋语意似顶上"辟世""辟地""辟色""辟言"说来,今之见几而作者,已有七人矣。于此时,实有天地闭,贤人隐之慨。

《论语》原典·石门章

子路宿于石门。晨门曰:"奚自?"子路曰:"自孔氏。"曰:"是知其不可而为之者与?"

译文　子路在石门外住了一宿，看门的人问："你从哪里来？"子路说："从孔子那里来。"看门的人说："是那个明知不能做却还要去做的人吗？"

♡　张岱　李卓吾

朋友圈纵横谈（▉为原文）

张岱

不知道不能做而去做，是愚蠢的人；知道不能做而不去做，是贤人；知道不能做而去做，是圣人。@诸葛亮说："即便是不讨伐逆贼，汉室也一定会灭亡。与其坐着等待灭亡，不如出兵讨伐。"这真是挽回命运的办法。晨门说这样一句话，也算是孔子的知己。

▉不知不可为而为之，愚人也；知其不可为而不为，贤人也；知其不可为而为之，圣人也。诸葛武侯曰："即不伐贼，汉亦必亡。与其坐而待亡。不如伐之。"此处真有挽回造化手段。晨门一语，亦是圣人知己。

李卓吾

> 心已经出离世间,那么抛弃世间而去做巢父、许由这样的隐士就很容易了;心已经出离世间,而仍然留在世间做周公、孔子这样的人很难。
>
> 📖 李卓吾曰:心出世间矣,弃世间而为巢许也易;心出世间矣,混世间而为周孔也难。

《论语》原典·击磬章

子击磬于卫,有荷蒉而过孔氏之门者,曰:"有心哉,击磬乎!"既而曰:"鄙哉!硁硁乎!莫己知也,斯己而已矣,深则厉,浅则揭。"子曰:"果哉!末之难矣。"

译文　孔子在卫国,有一天正在击磬,一个担着草筐的人从他门前经过,说:"这个击磬的人,有心啊!"过了一会儿又说:"可鄙呀!这磬硁硁的,坚定明确!没有人了解你,就只为你自己好了。水深,就见险而止;水浅,就提起衣裳过去。"孔子说:"说的非常果决!没有什么话可以责难他了。"

♡ 张岱　翁子先

朋友圈纵横谈（▇ 为原文）

 翁子先

> 厉，就是危险的意思。就是《周易》中所说的"过涉灭顶"。《诗经》中也提到这个意思，水深则有危险，应当见到危险就停止，并不是像浅水那样提着衣服就可以走过去的。朱熹注解说"以衣涉水曰厉"，是非常解释不通的。
>
> ▇ 翁子先曰：厉者，危殆也。《易》所谓"过涉灭顶"也。《诗》意若曰，深则有厉，当见险而止，非如浅可摄衣而涉也。注"以衣涉水曰厉"，殊不可解。

《论语》原典·谅阴章

子张曰："《书》云：'高宗谅阴，三年不言。'何谓也？"子曰："何必高宗，古之人皆然。君薨，百官总己以听于冢宰三年。"

译文　子张说："《尚书》上说：'高宗（商王武丁）守丧，三年不谈政事。'是什么意思？"孔子说："不仅是高宗一个人，古人都是这样的。国君死了，朝廷百官都各自掌管自己的职事并听命于冢宰，历时三年。"

♡ 张岱　丘琼山　于忠肃

朋友圈纵横谈（为原文）

丘琼山

继位的国君暂时将职权委托他人以彰显为子之道，百官尽到自己的职责以承托起冢宰之职，这是天下忠孝之道相互成就的大关键。当年周公背对屏风而坐来接见诸侯导致流言四起，那么这种制度就不得不改变了。所以康王葬了之后，新君就即位了，而后来汉文帝将天子服丧的时间由三十六个月（三年）改为三十六天，也是世道如江河东去不可返回的例子。但是服丧的制度根据世道的变化而变化，哀伤悲戚则是根源于人最真挚的情感，应该在二十七日之后，在外朝穿朝服，在内室穿丧服，这样就两全其美了。

丘琼山曰：嗣君委君道以伸子道；百官尽臣职以承相职。此天下忠孝相成之大关也。昔周公负扆以朝诸侯而流言起，则此制不得不变。故康王葬毕遂即位，而汉文以日易月之制，亦世道江河不返也。但服制夺于世变，哀戚本于至情，当于二十七日之后，以衮服居外朝，以衰服居内寝，斯两全也。

于忠肃

> 百官都听命于冢宰，只怕会遇到曹操、王莽这样的奸臣，那该怎么办呢？答案是："即将即位的新君刚正严明、老成持重，也可以管制住他的冢宰。"如果新君不是刚正严明、老成持重，又该怎么办呢？答案是："这就需要整个朝廷的忠义之臣齐心协力，才能使朝纲稳固而抑制住位高权重的奸臣。"
>
> 于忠肃曰：百官听冢宰，只恐遇操、莽何以处之？曰："嗣主刚明老成，亦可以易制其相。"如嗣主非刚明老成，又何以处之？曰："此须要举朝忠义矢心，方能使事不摇动而权奸可抑。"

《论语》原典·好礼章

子曰："上好礼，则民易使也。"

译文　孔子说："在上位的人喜好礼制，那么民众就容易指使了。"

♡ 张岱

朋友圈纵横谈（为原文）

张岱

君主治理国家，用法律来约束人民，不如向人民展示礼制。所以给天子进贡要用包茅，祭祀要用祭器中的干肉，注重蒸尝田（由地主或富农捐给该族祠堂的田产）。所以汉代的叔孙通在郊外用绵蕞演示的礼仪，能够尊崇天子，也能够治理国家。

人君为国，约之以法，不若示之以礼。故贡用包茅，田用干豆，重以蒸尝，人皆帖服。是以叔孙绵蕞，能尊天子，能治国家。

《论语》原典·修己章

子路问君子，子曰："修己以敬。"曰："如斯而已乎？"曰："修己以安人。"曰："如斯而已乎？"曰："修己以安百姓。修己以安百姓，尧、舜其犹病诸！"

译文　子路问君子之道。孔子说："修养自己以保持内心的恭敬庄重。"子路说："这样就够了吗？"孔子说："修养自己以使他人安乐。"子路说："这样就够了吗？"孔子说："修养自己以使所有百姓都安乐。修养自己而能使所有百姓都安乐，就连尧舜也怕力量不足啊！"

♡ 张岱

朋友圈纵横谈（▬为原文）

张岱

"修己以敬"，不是通过敬来修养自己，一定要辨别。

安定人民，是修养自己的实际功夫，不是修养自己的效果和验证。"以安人""以安百姓"和"修己以敬"中的"以"，是指的同一种东西。圣贤认为安定人民安定百姓，是修养自己当中一件非常重要的事，不能将它们当作外部事物。

▬"修己以敬"，不是以敬修己，须辨。

安人安百姓，是修己实功，不是修己效验。盖"以安人""以安百姓"与"修己以敬"，同是一"以"。圣贤看得安人安百姓，是修己中一件吃紧之事，不可推出外边。

 ### 徐自溟

认为博施济众这件事情做得还不够，正是显示了尧舜在"立人""达人"方面没有止境。认为安定百姓这件事做得不够，正是显示尧舜在修养自己这方面没有停止之时。

▬徐自溟曰：病博济，正尧舜之"立达"无有尽处；病安百姓，正尧舜之"修己"无有已时。

《论语》原典·原壤章

原壤夷俟,子曰:"幼而不孙弟,长而无述焉,老而不死,是为贼!"以杖叩其胫。

译文 原壤叉着腿坐着等待孔子,孔子说:"年幼时,你不遵守悌礼,老了之后又没有什么可以教导后辈,老而不死,就是人群中的贼!"一边说一边用手杖敲他的小腿。

♡ 张岱 沈无回 葛屺瞻

朋友圈纵横谈(▬为原文)

沈无回

原壤,是老子学派的一类人。他将父子、兄弟、少长、生死的关系,都看作浮萍相遇一样,而完全不关涉到情感,所以孔夫子用安身立命的道理来触动他。

▬ 沈无回曰:原壤,盖老氏之流。彼视父子、兄弟、少长、生死,皆若浮萍之相值,而不关情者,故夫子以立身之道儆动之。

张岱

"夷俟"并非原壤故意怠慢孔夫子，而只是放荡在礼法之外。古人有云："礼法哪里是为我这种人设立的啊。"原壤表达的就是这个意思。

■ "夷俟"非故意慢夫子，只放于礼法之外耳。昔人云："礼岂为我辈设。"壤，即此意。

葛屺瞻

原壤用放荡不羁来轻浮地对待孔夫子，孔夫子也用轻浮行为来施行他的教育。教育孺悲的时候取瑟而歌，用是引导的方法，像发汗之药；教育原壤的时候用杖敲他的小腿，是警醒的方法，像针砭之药。

■ 葛屺瞻曰：壤以放荡狎夫子，夫子亦以狎行其教。取瑟是发汗之药，叩胫是针砭之药。

《论语》原典·阙党章

阙党童子将命，或问之曰："益者与？"子曰："吾见其居于位也，见其与先生并行也。非求益者也，欲速成者也。"

译文　阙里有一个童子，为宾主传命。有人问孔子："这孩子是个求上进的人吗？"孔子说："我看见他坐在成年人的席位上，又看见他和长辈并肩而行。他不是个求上进的人，只是急于成为一个大人。"

♡ 张岱　王观涛

朋友圈纵横谈（▂▂为原文）

王观涛

> "成"字乃成人之"成"，是对于小孩来说的，不是指学问有成的"成"的。只是根据他事事以成人自居的行为，所以说他"欲速成"。
>
> ▂▂王观涛曰："成"字乃成人之"成"，对童子看，非学问有成也。只据他以成人之礼自居，故曰"欲速成"。

张岱

> "童子将命"这一段，都是在说他应当去除虚浮骄纵之气，教他谦虚恭敬。可见孔子教导人，即便是在打扫等家务、迎送客人的礼节等日常行为之中，都有好的方法。
>
> ▂▂"童子将命"，全是消其客气，教其谦恭。可见圣人教人，只此洒扫进退应对之中，具有良药。

卫灵公第十五

张岱讲《论语》·卫灵公第十五

《论语》原典·问陈章

卫灵公问陈于孔子,孔子对曰:"俎豆之事,则尝闻之矣;军旅之事,未之学也。"明日遂行。在陈绝粮,从者病莫能兴。子路愠见曰:"君子亦有穷乎?"子曰:"君子固穷,小人穷斯滥矣。"

译文 卫灵公向孔子问兵阵之法。孔子回答说:"礼乐祭祀之事,我是听说过;用兵打仗的事,我从没学过。"第二天,孔子就离开了卫国。在陈国断了粮食,随的人都病倒起不来了。子路不高兴,来见孔子说:"君子也会这样困厄吗?"孔子说:"君子固然也有困厄的时候,但不像小人那样一遇到困厄就无所不为。"

♡ 张岱

朋友圈纵横谈(▇为原文)

张岱

卫灵公驱逐了世子蒯聩而改立自己的孙子辄为世子,使得辄不能按照礼节来侍奉父亲,扰乱了宗法秩序,混淆了父子的名分,在别的时候,宗庙祭祀的事情,有很多可以议论的东西,所以孔夫子借着卫灵公问兵阵军事的机会向他展示微言大义,就是想要他更正名分的意思。没想到卫灵公不再问下去了,卫国动乱的端由已经隐藏下了,孔子怎么能不赶快离开呢?如果说孔子想不用武力而在酒宴谈

605

判中制敌取胜，尚且隔着一层意思。@ 苏辙说："孔子用礼乐制度来游说诸侯，世人都知道他专心好学，而不知道其他的。犁弥对齐景公说：'孔丘知晓礼节却没有勇力。'卫灵公对待孔子，刚开始是非常好的，然而他对孔子的了解，跟犁弥是一样的。时间久了产生厌倦，用孔子所不知道的东西来轻慢他，所以问他兵阵军事。孔子知道卫灵公决不会重用自己；所以第二天就离开了。如果卫灵公真重用他，即便是军旅之事也是能够胜任的。"

■卫灵公逐世子蒯聩而立孙辄，使辄不父父而祢祖，乱昭穆之序，淆父子之名，在异日，宗庙俎豆之间，大有可议，故夫子借问陈以示其微，即正名意也。不意灵公不复置问，卫之兵端伏矣，安得不速其去哉？若说寓折冲于樽俎，尚隔一层。苏子由曰："孔子以礼乐游于诸侯，世知其笃于学而已，不知其他也。犁弥谓齐景公曰：'孔丘知礼而无勇。'卫灵公之所以待孔子者，始亦至矣，然其所以知之者，犹犁弥也。久而厌之，将傲之以其所不知，故问陈焉。孔子知其决不用也；故明日遂行。使诚用之，虽及军旅之事可也。"

《论语》原典·多学章

子曰:"赐也,女以予为多学而识之者与?"对曰:"然,非与?"曰:"非也,予一以贯之。"

译文 孔子说:"赐啊!你以为我是多学习并一一记在心里吗?"子贡回答:"是啊,难道不是吗?"孔子说:"不是的,我是用一个根本的东西将多学贯通起来的。"

♡ 张岱 张侗初 王阳明

朋友圈纵横谈(▇为原文)

张侗初

　　孔子对曾子说"一以贯之",是顺便提及自己的学问宗旨。对子贡说,是逆向追溯根源。应当知道"然"和"非与"所反映的确信和疑惑,正是子贡的想法悄悄转移改变的地方。孔子在他关键转变的时候,准确抓住时机。其指点之处,全都在"女(汝)以予为"这四个字上,正是他自己现身说法的时候。

　　▇ 张侗初曰:对曾子说,是顺提宗旨。对子贡说,是逆溯渊源。要知"然""非与",一信一疑,是子贡潜移默夺处。夫子泛其机关转捩时,一把捉住。指点处,全在"女以予为"四字上,正所谓现身说法。

王阳明

老子说"道生一"。当它是道的时候,哪里有"一"呢?然而"一"虽然不是道的原因,但还是接近于本体的;学虽然不是脱离道的,然而已经涉及到枝节了。这两者是大有不同的。虽然是这样,但这个是给没有顿悟的人来做区分的,学者如果真领悟了多就是"一","一"就是道,那么就几乎是孔夫子所说的"一贯"了。

📖 王阳明曰:老子曰"道生一"。当其为道,"一"尚何有也?然"一"虽非所以为道,而犹近于本;学虽非离于道,而已涉于末。二者则大有异矣。虽然,此为未悟者辨也,学者真悟多即"一","一"即道也,斯则庶几为夫子之"一贯"矣。

《论语》原典·知德章

子曰:"由,知德者鲜矣。"

译文 孔子说:"由啊!知道德的人太少了。"

♡ 张岱

张岱讲《论语》·卫灵公第十五

朋友圈纵横谈（▨ 为原文）

张岱

子路尚勇，都是通过意气来行事；他迎合时势积极参与社会和政治，没有能够认真用心去体察事理，所以孔夫子对症施药，往往在"知"上教育他。对他说"诲女知之"，"君子于其所不知，盖阙如也"，都是从"知"的层面上补救他的不足，即便是前面说他"不得其死"也只是因为他看不清事理，孔夫子已经推测到子路日后一定会遭遇结缨而死的事情。

▨ 子路好勇，全以意气用事；其用世趋时，未能深心察理，故夫子因病发药，往往在"知"上较量。曰"诲女知之"，曰"君子于其所不知，盖阙如也"，都从"知"处救他，即前所云"不得其死"只缘见理不明，夫子已逆知子路异日必有结缨之事。

《论语》原典·无为章

子曰："无为而治者其舜也与？夫何为哉？恭己正南面而已矣。"

译文　孔子说："能够无为而治天下的人恐怕只有舜吧？他做了什么呢？只是恭敬地坐在天子之位上罢了。"

♡　张岱　张侗初　沈无回

朋友圈纵横谈（▇ 为原文）

张侗初

"无为"的帝王之道，是自然而然。管子说："心不去统治九窍，九窍反而得到治理。君主不去统治五官，五官反而得到治理。行善的人，君主对他进行赏赐。作恶的人，君主对他进行惩罚。君主根据发生的事情而给出相应的措施，就不会劳扰。"这就是舜"无为"的含义。

▇ 张侗初曰：帝道"无为"者，自然也。管子曰："心不为九窍，九窍治。君不为五官，五官治。为善者，君予之赏。为非者，君予之罚。君因其所以来因而予之，则不劳矣。"此舜"无为"之义也。

沈无回

描述舜的用心就用"不与"这个词，虽然他感叹警醒自己，穿着单衣鼓琴，但也不可去"为"。描述舜的统治就用"无为"这个词，虽然他开山疏通河道、诛四凶、举元恺，但这都是不可"为"之"为"。

▇ 沈无回曰：状舜之心则曰"不与"，虽其嗟傺微予，袗衣鼓琴，而不可为之与。状舜之治则曰"无为"，虽封山浚川，诛凶举恺，而不可为之为。

张岱讲《论语》·卫灵公第十五

《论语》原典·问行章

子张问行,子曰:"言忠信,行笃敬,虽蛮貊之邦行矣;言不忠信,行不笃敬,虽州里行乎哉?立则见其参于前也;在舆则见其倚于衡也,夫然后行。"子张书诸绅。

译文　子张问怎样才能使自己到处都行得通。孔子说:"说话要忠信,做事要笃敬,即便是到了边远的部族国家,也能行得通。说话不忠信,做事不笃敬,即便是在本乡本土,能行得通吗?站着的时候,就像看到忠信笃敬就在面前一样,坐车的时候,就像看到这几个字倚靠在车前的横木上一样,这样才能使自己到处行得通。"子张将孔子的话写在了衣带上。

♡　张岱

朋友圈纵横谈(▇▇为原文)

张岱

《四书蒙引》说:子张问行,问的是怎么样才能处处都能够行得通。

言语行为都是从忠信笃敬中自然流露的,忠信笃敬是不依赖于言语行为而存在的,所以才会"立则见其参于前也;在舆则见其倚于衡也",时刻都是这样、到处都是这样,这是自然的本体功夫。一定要这样,才能够通行于天下,可以不言而喻,所以说"夫然后行"。

> 蒙引曰：子张问行，问如何便处处都行得。言行从忠信笃敬流出，忠信笃敬不依言行而有，故参前倚衡，刻刻皆然、处处皆见，此是自然本体功夫。必如此，才与天下，可不言而喻，故曰"夫然后行"。

《论语》原典·史鱼章

子曰："直哉史鱼！邦有道，如矢；邦无道，如矢。君子哉蘧伯玉！邦有道，则仕；邦无道，则可卷而怀之。"

译文 孔子说："史鱼真是正直啊！国家有道，他就像一只箭一样挺直向前；国家无道，他也像一只箭一样挺直向前。蘧伯玉真是一位君子啊！国家有道，就出来做官；国家无道，就隐退藏身。"

♡ 张岱

朋友圈纵横谈（> 为原文）

张岱

> 史鱼和蘧伯玉这两个人，都是卫国振兴乱邦的重臣；应当注重"邦无道"这一方面，看到这两个人的相互推勉之处。史鱼的直，全都体现在他举

荐贤人罢免不肖之人上。然而孔夫子为什么说他"如矢"呢？《易》说"得了黄铜箭"为"贞"，又说"王公站在高高的城墙上射隼"，"获之无不利"，合起来看，它的意思自然就清楚了。

▍二子，皆卫扶乱之臣；当重无道一边，见两人能以气节相推勉处。史鱼之直，全在进贤退不肖见之。然夫子何以谓"如矢"？《易》曰"得黄矢"，又曰"公用射隼于高墉之上"，合而观之，其义自见。

《论语》原典·与言章

子曰："可与言而不与之言，失人；不可与言而与之言，失言。知者不失人，亦不失言。"

译文 孔子说："可以和他说的话却不和他说，这就是错看了人；不可以和他说的话却和他说了，这就是说错了话。有智慧的人既不看错人，又不说错话。"

♡ 张岱

朋友圈纵横谈（▨ 为原文）

张岱

> 这一章的重点不在于说话或缄默，而在于了解他人的智慧上。说话或缄默不适宜，都是因为不能了解他人，智者心中自有评判人之可否的标准，一看到人就自然知道，所以他说话都是依照不同的机缘来说，就像是对症用药一样。
>
> ▨ 此节不重语默，重在知人之明上。语默各失其宜，皆缘不知人中来，智者胸中自有藻人之可否，一见自知，故其用言皆乘机而投，如对症用药。

《论语》原典·成仁章

子曰："志士仁人，无求生以害仁，有杀身以成仁。"

译文　孔子说："志士仁人，没有为了求生而损害仁的，只有牺牲性命来成全仁的。"

♡ 张岱

朋友圈纵横谈（为原文）

张岱

方孝孺给自己的父族、母族、子族都带来了祸患，而没有求得一个"是"字。总而言之，从忠孝认识"仁"，方向是正确的。像聂政、荆轲这样的人是杀身成义，而不是杀身成仁。

 方正学贻祸三族，求一"是"字不得。总之，从忠孝起见，仁之径路不差。若聂政、荆轲，是杀身以成义，不是杀身以成仁。

《论语》原典·利器章

子贡问为仁，子曰："工欲善其事，必先利其器。居是邦也，事其大夫之贤者，友其士之仁者。"

译文　子贡问如何去践行仁德。孔子说："做工的人想把事情做好，就必须首先使自己的工具锋利。居住在这个国家，就要侍奉贤能的大夫，与有仁德的士人交朋友。"

♡　张岱　张侗初

朋友圈纵横谈（■为原文）

张侗初

> 为什么用使器具变得锋利来比喻为仁呢？人拥有仁的种子，应该想着让它一直生发，就像用铁铸成器具，它本身就包含着锋利的可能性。器具凭借着磨刀石打磨出锋利的刀刃，仁凭借着模型范式发生着变化。随某件事情而生发，都是仁本身生机显现的地方。
>
> ■ 张侗初曰：如何以利器喻为仁？人含仁种，当念常生，如镕铁为器原有利体，器借锋刃于磨砻，仁借变化于型范，即此事发处，都是仁生机流动处。

《论语》原典·为邦章

颜渊问为邦。子曰："行夏之时，乘殷之辂，服周之冕，乐则《韶》舞。放郑声，远佞人。郑声淫，佞人殆。"

译文 颜渊问治国之道。孔子说："推行夏代的历法，乘殷代的车子，戴周代的礼帽，乐舞就用《韶》乐。禁绝郑国的乐曲，疏远花言巧语的人。郑国的乐曲浮靡，花言巧语的人危险。"

♡ 张岱　王阳明　慧山人

朋友圈纵横谈（为原文）

 王阳明

> 颜回完整地体会到了圣人的精神，对于治理国家的大根本、大原则，都已经完全具备。孔子担心他可能会在细枝末节的东西上有疏漏、忽略，所以就针对他的不足之处补充说明，不要把孔子这里补充说的几件事情都当作最重要的事情看了。
>
> 王阳明曰：颜子具体圣人，其于为邦，大本大原，都已完备。孔子恐其末节或有疏略、故就他不足处帮补说、不要把数件事做天大事看了。

张岱

> 《韶》舞包括了音乐和动作，然而不能将《韶》当作音乐，将舞当作容色。《韶》是舞乐总的称呼，所以说了舞，音乐就不用赘述了。玩味"则"字，分明是说《韶》舞是在国家安定和大功告成之后运用的。
>
> 《韶》舞兼声容，然不可以《韶》属声，舞属容。盖《韶》为舞乐之总名，而言舞则声不待言矣。玩"则"字，分明在治定功成之后。

慧山人

孔子说到乐则《韶》舞的时候,不知不觉神游其间,所以他的语气是这样的。

▮ 慧山人曰:乐则《韶》舞,夫子说到此,不觉神游于其间,故口气如此。

《论语》原典·远虑章

子曰:"人无远虑,必有近忧"。

译文 孔子说:"人没有长远的思虑,一定会有当前的忧患。"

♡ 张岱

朋友圈纵横谈(▮ 为原文)

张岱

人们思虑不够深远,以为目前可以苟且偷安。殊不知思虑不够深远,安排处置不够十全十美的话,哪怕是目前就已经不安了,更别说长远了。

▮ 凡人虑不及远,以为可苟目前之安。殊不知所虑不远,处置不十全,只目前便不安了;遑问久远?

《论语》原典·好德章

子曰:"已矣乎!吾未见好德如好色者也。"

译文 孔子说:"算了吧,我从来没有见过喜好有德者就像喜好美色那样的人。"

♡ 张岱 朱熹 李卓吾

朋友圈纵横谈(▬ 为原文)

朱熹

这里的"德"字是指有德之人。
▬ 朱氏曰:"德"以有德之人言。

李卓吾

加"已矣乎"三个字,显得期望更加真切,不能当作绝望来看。
▬ 李卓吾曰:加"已矣乎"三字,望之愈切矣,不得作绝望看。

《论语》原典·窃位章

子曰:"臧文仲其窃位者与?知柳下惠之贤而不与立也。"

译文　孔子说:"臧文仲算是一个窃居官位的人吧?他知道柳下惠的贤良却不举荐他一起做官。"

♡ 张岱

朋友圈纵横谈(▬为原文)

张岱

古人推举、礼让贤能的人,是将"位"看作是公家的;知道别人的贤能而不去推举他,分明是存有嫉妒之心,唯恐贤人被重用而威胁到自己。孔夫子说"窃位",是为诛灭他的私心。

▬古人推贤让能,看得"位"是公家的;知其贤而不与立,分明有娼嫉之心,惟恐贤者见用而逼己。夫子曰"窃位",诛其心也。

《论语》原典·躬厚章

子曰:"躬自厚而薄责于人,则远怨矣。"

译文　孔子说:"对自己严格要求而少责备别人,就可以避免别人的怨恨了。"

♡　张岱　李卓吾

朋友圈纵横谈(▇为原文)

李卓吾

> 不是为了"远怨"才"薄责于人"的,而是理应如此;况且"躬自厚"一定会少苛责别人,情势也是这样。
>
> ▇李卓吾曰:不为"远怨"而"薄责于人",理合如此;且"躬自厚"必薄责人,势亦如此。

《论语》原典·如何章

子曰:"不曰'如之何,如之何'者,吾末如之何也已矣。"

译文　孔子说:"从来不说'怎么办,怎么办'的人,我也不知道对他怎么办才好。"

♡　张岱　黄贞父

朋友圈纵横谈（为原文）

张岱

"如之何，如之何"，是指心与口相商量时的话。恣意妄为的人，有两个毛病：一是暴躁狂妄，不肯去想"如之何"。一是像木石一样愚钝，不知道该"如之何"。孔子就借用这三个字唤醒他们，非常有苦心。

"如之何，如之何"，乃心与口自相商量之词。率意妄行的人，其病有二：一是躁妄，不肯"如之何"。一是木石，不知"如之何"。圣人即借此三字唤醒，煞是婆心。

 黄贞父

孔夫子可怜世上有不肯多思考的人，什么事都难以做成，还没有说到面临事情时的审慎。他的语言是含蓄而警醒的。

黄贞父曰：夫子哀世上不转念的人，万事难成，尚未说到临事审处。其言含蓄而警醒。

张岱讲《论语》·卫灵公第十五

《论语》原典·小慧章

子曰："群居终日，言不及义，好行小慧，难矣哉！"

译文　孔子说："整日聚在一起，说的话都不涉及道义，喜好卖弄小聪明，这种人很难教导！"

♡ 张岱

朋友圈纵横谈（▮为原文）

张岱

不说小艺，而说"小慧"，技艺下棋等都是预兆小聪明可能会误导人，所以说"人不小智，则不大愚"。
　　▮ 不曰小艺，而曰"小慧"，技艺博弈皆谶小聪明有以误之，故曰"人不小智，则不大愚"。

《论语》原典·义质章

子曰："君子义以为质，礼以行之，孙以出之，信以成之。君子哉！"

译文　孔子说："君子以义作为本质，把礼来践行，把谦逊来表达，把诚信来完成。这就是君子！"

♡ 张岱　杨贞复　袁七泽　张侗初

623

朋友圈纵横谈（▣ 为原文）

杨贞复

这一章是从君子的养成说的。为学达到了君子的地步，就到达了水源处，深处的泉源时时出现，就像是有大量的泉水，随地涌出；有的是激流，有的很湍急，有的很深，有的是溪流，随着它的形态得到不同的名字，水自己哪有什么想法呢！"义""礼""逊""信"，是别人看出来的，有了这四种名称，而君子自己是不知道的。最后一句是赞叹的话语。

▣ 杨贞复曰：此章君子就养成的说。学至于君子，则资深逢源，渊泉时出，如万斛之泉，随地而出；或濑、或湍、或渊、或流，随在得名，水何心哉！"义""礼""逊""信"，自旁人观之，有是四者之名耳，君子不知也。末句是赞词。

袁七泽

"质"，是指树干，有了树干才有枝叶附在上面。"质"，又是本色，有了本色的"质"才能将色彩添加在上面，如果不明白这个道理，而致力于"礼""逊""信"，即便是做的很完美，也只是一个浅薄固执的小人，哪里能称得上君子呢？

▆ 袁七泽曰:"质",干也,有干然后枝叶附焉。又"质",素也,有"质"然后彩色加焉,若不明此个,而务为"礼""逊""信",即做得周全,亦只是一个硁硁小人,岂曰君子?

张侗初

  这是一张君子的全身画像,就好比达摩大师说弟子们分别得到他的皮、他的骨、他的髓,总归都是一个完整的身体。

  ▆ 张侗初曰:此君子全身图画也,犹云得我皮,得我骨,得我髓,只是一完全身也。

《论语》原典·无能章

  子曰:"君子病无能焉,不病人之不己知也。"

  译文 孔子说:"君子只担忧自己没有才能,不担忧别人不知道自己。"

  ♡ 张岱

朋友圈纵横谈（▨ 为原文）

张岱

这一句话和"不患人之不己知，患其不能也"这句话，只是颠倒了一下顺序；上面一句用了"君子"两个字，就是说君子之心非常以"无能"为不足，而"不病人之不己知"这句话，和作为警示告诫的"不患人之不己知"这句话，是有区别的。

两个"病"字与下面一章的"疾"字，都是指亲身经受的病患，痛痒只有自己知道，和别人完全没有关系。

▨ 此与"不患人之不己知，患其不能也"，只倒得一下；上冒以"君子"二字，便说君子之心深以"无能"为病，而"不病人之不己知"，与"不患"起语，作儆戒之辞者，有别。

二"病"字与下章"疾"字，切肤之恙，痛痒自知，全不干与人事。

《论语》原典·没世章

子曰："君子疾没世而名不称焉。"

译文　孔子说："君子担忧自己死后名声和实际不相符。"

♡　张岱　饶双轩　王阳明

朋友圈纵横谈（为原文）

饶双轩

说"没世"，是因为活着的时候也许可以沽名钓誉，但去世之后却没有办法粉饰。

饶双轩曰：言"没世"者，生前或可干誉，没后却装点不得。

王阳明

"称"这个字应该读去声（意为应读作chèn），实际和名声不相符，活着的时候还可以弥补，等去世就来不及了。

王阳明曰："称"字去声读，实不称名，生犹可补，没则无及矣。

《论语》原典·求己章

子曰："君子求诸己，小人求诸人。"

译文 孔子说："君子一切求之于自己，小人一切求之于别人。"

♡ 张岱　王阳明

朋友圈纵横谈（▮为原文）

王阳明

> 君子之学，在于修养自己。遇到诋毁、赞誉、荣誉、侮辱，不仅不因为它们而动摇内心，而且将它们作为探讨人生、磨砺自己的境地，所以君子没有什么情况是不开心的，正是因为他把任何情况都当作学。如果听到赞誉就欣喜，听到批评就悲戚，那就是因为外界事物而惶惶不安，每天都感到自己有没做好的地方，怎么能成为君子呢？
>
> ▮ 王阳明曰：君子之学，务求在己而已。毁誉荣辱之来，非独不以动其心，且资之以为切磋砥砺之地，故君子无入而不自得，正以其无入而非学也。若夫闻誉而喜，闻毁而戚，则将皇皇于外，惟日之不足矣，其何以为君子？

《论语》原典·矜群章

子曰："君子矜而不争，群而不党。"

译文　孔子说："君子庄重自守而与人无争，合群而不结党。"

♡ 张岱

朋友圈纵横谈（为原文）

张岱

世上的祸患，没有比争权夺利和结党营私更大的了，然而他们一定会借用君子的名头才能自我标榜，所以孔夫子提出了"君子"两个字，作为党同伐异之人的良药。

世道之祸，莫大于争与党，然势必借君子之名，方能高自标榜，故夫子揭出"君子"二字，为立异同着药石。

《论语》原典·言举章

子曰："君子不以言举人，不以人废言。"

译文　孔子说："君子不仅仅凭借一个人说的话而举荐他，也不因为一个人不好而完全不理会他的话。"

♡ 张岱

朋友圈纵横谈（▇ 为原文）

张岱

> 这两句都能看出古人不看重言语的想法，扬雄的《法言》、刘歆的《列女》，君子并没有因为这两本书文字典雅高深而将他们二人当作圣贤。刘安的《淮南鸿烈》，吕不韦的《吕览》，君子也并没有因为刘安谋反、吕不韦举荐嫪毐（人名）秽乱后宫而将他们的著作当成文字游戏。
>
> ▇ 二句总见出古人轻言之意，扬雄《法言》、刘歆《列女》，君子未尝以其高文典册而跻之圣贤之列。淮南《鸿烈》，不韦《吕览》，君子亦未尝以其叛人嫪毐而斥之文学之科。

《论语》原典·一言章

子贡问曰："有一言而可以终身行之者乎？"子曰："其恕乎！己所不欲，勿施于人。"

译文 子贡问孔子："有没有一个字可以终身奉行呢？"孔子回答："恐怕就是恕字了！自己不愿意接受的，不要强加于他人。"

♡ 张岱 姚元素

朋友圈纵横谈（▮为原文）

姚元素

人的情感，对想要的东西尚且涉及到私心，而对不想要的东西却是真切的。不想要而能够不强加给别人，这种想法也是最公正的。《大学》里面讲"絜矩之道"的时候，只从个人所厌恶的方面去讲，也是这个道理。

▮ 姚元素曰：人情于所欲，犹有涉于私者，至所不欲而其情最真，不欲能勿施，其念亦最公。《大学》絜矩只言所恶，亦此意。

《论语》原典·毁誉章

子曰："吾之于人也，谁毁？谁誉？如有所誉者，其有所试矣。斯民也，三代之所以直道而行也。"

译文　孔子说："我对别人，批评谁又赞美谁呢？如果有赞美的人，那个人一定是经过考验的。这样的人，是夏、商、周三代之所以能够正道而行的原因。"

♡　张岱　杨复所　陆景邺

朋友圈纵横谈（为原文）

杨复所

"谁毁？谁誉？"和无毁无誉是不同的。"谁毁？"就是毁谤谁的意思；"谁誉？"就是赞誉谁的意思，这正是下一句相照应的。人们没有将两个"谁"字看明白，连同"三代"那里也一起含混过去了。

 杨复所曰："谁毁？谁誉？"与无毁无誉不同。"谁毁？"犹言毁得那一个也；"谁誉？"犹言誉得那一个也，政与下节相应。人惟看二"谁"字不透，并三代处亦鹘突过了。

陆景邺

世人现在对于这句话的理解，对于"所以"这两个字完全没有解释清楚。它是说民心的公正是不可欺骗的，所以夏、商、周代时期肯定对的、否定错的，而不敢有所欺瞒，哪里容得我来毁谤或者赞誉呢？这里刚好和"谁"字相对应。

 陆景邺曰：世说于"所以"二字，全无下落。盖言民心之公不可欺，三代所以是其是、非其非，而不敢欺者也，而容吾毁誉乎哉？与"谁"字正相应。

《论语》原典·阙文章

子曰:"吾犹及史之阙文也,有马者借人乘之。今亡矣夫!"

译文 孔子说:"我现在还能够看到史书上有缺文的地方,有马的人把马借给别人乘用。现在这些已经没有了!"

♡ 张岱 苏东坡

朋友圈纵横谈(为原文)

苏东坡

史书没有空缺的文字,马匹不借给他人乘用,哪里会对世人造成好的或不好的影响呢?然而应该明白,世上的君子、德高望重之人,越来越远去了。后来的人不能再见到他们留下来的风尚和功业,所以便渐渐变得爱用小聪明、小花招、花言巧语,而没有人去制止他们。

▇ 苏东坡曰:史之不阙文,与马之不借人,岂有损益于世者哉?然且识之,以为世之君子、长者,日以远矣。后生不复见其流风遗烈,是以日趋于智巧便佞,而莫之止也。

张岱

史书中有空缺的文字,是因为不忍心完全记载。为尊贵之人、亲人、贤人避讳,所以有空缺,符合忠诚仁厚之道。如果一定想要详细描写,虽然尽了史家的职责,却远离了仁恕之道。

📖 按史阙文,不忍尽书也。为尊讳,为亲讳,为贤讳,故有阙,忠厚之道也。必欲详书,史职虽尽,而仁恕远矣。

《论语》原典·巧言章

子曰:"巧言乱德。小不忍则乱大谋。"

译文 孔子说:"花言巧语会扰乱人的德行。小事情不忍耐就会扰乱大计划。"

♡ 张岱

朋友圈纵横谈(📖为原文)

张岱

言语因为依附在名教道理之上而成为巧言,正是所谓的看似正确而其实并不是如此。"忍"有

"坚忍""含忍"两层意思，应该决断的时候而迁就纵容，就会因犹豫不决而失去时机；应当谨慎稳重的时候而昂扬激进，就会因轻举妄动而使事情败坏。问题全都在一个"小"字上。

📖 言以依附名理而成巧，正所谓似是而非。"忍"有"坚忍""含忍"二意，当决断而处以姑息，则依徊而丧机；当持重而处以愤激，则轻发而败事。病痛全在一"小"字上。

《论语》原典·好恶章

子曰："众恶之，必察焉；众好之，必察焉。"

译文　孔子说："人人都厌恶他，我一定会去审察；人人都喜欢他，我也一定会去审察。"

♡ 张岱　李卓吾

朋友圈纵横谈（📖为原文）

李卓吾

"恶"放在"好"前面来说，是大有深意的。"众好"而不去明察，不过是没有认出小人；"众恶"而不去明察，简直是错失了君子。

> 📖 李卓吾曰：恶在好前，大有义味。"众好"不察，不过误得小人；"众恶"不察，直是误失君子。

《论语》原典·弘道章

子曰："人能弘道，非道弘人。"

译文　孔子说："人能够使道光大，不是道使人光大。"

♡　张岱　朱熹

朋友圈纵横谈（📖为原文）

朱熹

> 道存在于天地之间，人不去发扬光大它，道还能依附在哪里呢？即便是作为皇帝、作为君王、作为贤人、作为圣人，道未尝没有去光大这些人，毕竟是人去光大道了，道才把人也提升了起来。仔细思考，还是"人能弘道"。
>
> 📖 朱子曰：道在天地间，人不去弘它，道将焉附？即使为帝、为王、为贤、为圣，道未尝不弘大

其人,毕竟是人去弘道,连人才带挈得起。仔细思之,还是"人能弘道"。

《论语》原典·改过章

子曰:"过而不改,是谓过矣。"

译文　孔子说:"有过失而不改正,就是真正的过错了。"

♡ 张岱

朋友圈纵横谈(▮为原文)

张岱

第一次犯就是过失,第二次犯就是过错,有过错了能够改正,那还有什么更多的过错呢?季本说:圣人迫切地教人改过,正是担心人们不及时改正。

▮ 一则成误,二则成过,过而能改,更有何过?季彭山曰:圣人汲汲教人改过,政恐其不及改也。

《论语》原典·终日章

子曰:"吾尝终日不食,终夜不寝,以思,无益,不如学也。"

译文　孔子说："我曾经整天不吃饭，整夜不睡觉，去思考，并没有什么进益，不如去踏实学习。"

♡　张岱　黄寓庸　韩求仲

朋友圈纵横谈（▇为原文）

黄寓庸

偏重于思考则流于玄虚，偏重于学则流于具体；心本来应该贯通在虚实之间，顺应天时，履行事务，安于地位，遵从常道，这才能被称为学。

▇黄寓庸曰：偏用思则入虚，偏用学则滞实；心固贯于虚实之间，因其时，履其事，素其位，蹈其常，此之谓学。

韩求仲

这正是孔夫子思考和学习兼顾的境地，如果真的说思考不如学习，那就不对了。又说：将"吾尝"两个字贯彻始终，才是做学问的真谛。

▇韩求仲曰：此正夫子思学兼用处，若认真道思不如学，便同说梦。又曰："吾尝"二字贯到底，才是真谛。

《论语》原典·谋道章

子曰:"君子谋道不谋食。耕也,馁在其中矣;学也,禄在其中矣。君子忧道不忧贫。"

译文 孔子说:"君子只谋求道而不谋求衣食。耕田,也有饥饿的时候;学习道,也可以得到俸禄。君子只担忧道不能行,不担忧贫穷。"

♡ 张岱

朋友圈纵横谈(▰为原文)

张岱

这一章是专门针对那些费心于利益俸禄上的人说的。"谋道不谋食",是君子的主要观念。设法获得财富的人,不一定能获得财富,这就是"耕也,馁在其中矣"。不为财富而费尽心思的人,不一定就没有财富,"学也,禄在其中矣"。君子看得非常透彻,所以只"忧道",而不去"忧贫"。

▰此章专为分心利禄者说。"谋道不谋食",是君子主意。谋食者,未必得食,"耕也,馁在其中矣"。不谋食者,未必不得食,"学也,禄在其中矣"。君子看得极透,故但知"忧道",更不"忧贫"。

《四书遇》导读

《论语》原典·知及章

子曰:"知及之,仁不能守之,虽得之,必失之。知及之,仁能守之,不庄以涖之,则民不敬。知及之,仁能守之,庄以莅之,动之不以礼,未善也。"

译文　孔子说:"一个统治者,他的聪明才智足以知道了仁,但他的心却不能够保持仁,即使是得到了,也一定会丧失。他的聪明才智足以知道了仁,他的心也能够保持仁,但不能用庄重恭敬的态度来对待百姓,百姓就会不敬重他;聪明才智足以知道了人,他的心也能够保持仁,能够用庄重恭敬的态度来对待百姓,但役使百姓时不照礼的要求,也是不完善的。"

♡　张岱　王永启

朋友圈纵横谈(▇为原文)

张岱

有人问:"知晓大道与坚守,哪个更难?"@张九成先生回答:"知晓大道难"。有人说:"现在的学者能够知晓大道但却不能坚守,是连同他所知晓的都一起丧失了吗?"先生说:"不是这样。不能坚守,只是因为没有真正知晓大道的缘故。就像水能够淹没东西,火非常猛烈,看到就明白了,一定没人跳进水里或火里。"

▋或问："所见与所守，二者孰难？"先生曰："所见难。"或曰："今学者有所见而不能守，则并与其所见而丧之？"先生曰："不然，只见得不到故尔。如水之溺，火之烈，见之审矣，决未有入水火者。"

王永启

要明白在智力能够达到的地方见到就是"知"，在坚守的地方见到就是"仁"，在面对百姓谨慎恭敬的地方见到就是"庄"，在行为适宜的地方见到就是"礼"，不是先设定这些名称，然后再去做功夫。

▋王永启曰：要晓得即及处见是"知"，即守处见是"仁"，即莅之敬处见是"庄"，即动之宜处见是"礼"，非是先设此等名目，然后去用功。

张岱

只是因为"知"有"不及"的地方，所以才容易间断，如果像迷路的孩子追父亲，萧何追韩信，邓禹追刘秀那样，一旦追上，哪里愿意放他们走呢？"仁"就在"知"坚定恒常不间断的地方。

▋只是"知"有"不及"，便容易间断，如亡子追父，萧何追韩信，邓禹追光武。一追及，如何肯放？"仁"即是"知"之贞常不断处。

《论语》原典·大受章

子曰:"君子不可小知而可大受也,小人不可大受而可小知也。"

译文　孔子说:"不能从小事上去赏识君子,但可以让他们承担重任。不能让小人去担当大任,但可以让他们做那些小事。"

♡ 张岱　李九我

朋友圈纵横谈(▮为原文)

 李九我

> 这是说用人要根据人的能力、格局而用,不要用"不可小知"苛责君子,不要用"不可大受"抛弃小人。一方面要看到君子、小人各有各的用处,选拔人才要广泛多样;另一方面要明白君子、小人不能够用错,选拔人才要精准。
>
> ▮ 李九我曰:此在用人者当随其器局,勿以"小知"责君子,勿以"不可大受"弃小人。一以见君子、小人各适于用,取材贵广;一以见君子、小人不可乖于用,抡选贵精。

《论语》原典·水火章

子曰:"民之于仁也,甚于水火。水火,吾见蹈而死者矣,未见蹈仁而死者也。"

译文 孔子说:"百姓们对于仁,比对于水火的需要更为迫切。但我只见过有人跳到水火中而死的,却没有见过为践行仁而死的。"

♡ 张岱　罗近溪　王观涛

朋友圈纵横谈（▇ 为原文）

罗近溪

这里为什么用一个"民"字呢?《诗经》云:"老百姓淳朴老实,日常生活就是吃喝。"仁,就是老百姓的朴实本质,日常生活所不能违背的。

▇ 罗近溪曰:此何以下一"民"字?《诗》曰:"民之质矣,日用饮食。"仁者,民之质也,日用饮食所不可违者。

王观涛

没有见到有因为践行仁而死的,是依照常理来说的;如果说杀身成仁,虽死犹生,那就另当别论了。

📖 王观涛曰:未见蹈仁死,据常理言;若杀身成仁,虽死犹生,又当别论。

《论语》原典·当仁章

子曰:"当仁不让于师。"

译文　孔子说:"面对行仁之事当率先行动,即便是对老师也不用谦让。"

♡　张岱　周季侯　庄忠甫

朋友圈纵横谈(📖为原文)

周季侯

千古以来积累的胆怯只是因为都去谦让前人,"不让"两个字,唤醒了世人原本退避推托的心。

📖 周季侯曰:千古来积怯只是让过前人去了,"不让"两字,唤醒世人退托之心。

庄忠甫

> 舜遇到应当行仁之事不谦让父亲，周公遇到应当行仁之事不谦让兄长，伯夷叔齐遇到应当行仁之事不谦让国君，那么面对老师又有何谦让呢？
>
> ▇ 庄忠甫曰：大舜当仁而不让于亲，周公当仁而不让于兄，夷齐当仁而不让于君，然则师又奚让焉？

《论语》原典 · 贞谅章

子曰："君子贞而不谅。"

译文　孔子说："君子只固守正道，而不墨守成规。"

♡ 张岱　冯厚斋

朋友圈纵横谈（▇ 为原文）

冯厚斋

> 经历千万种变化而不丧失其中正，是"贞"，"谅"则是墨守成规而不知改变。在小沟渠里自缢而死，正是匹夫匹妇"谅"的体现。"贞"，是事

物的主干，干，是处于中间且笔直挺立的，倚靠任何一边都是不行的。如果略微有所倾斜，就是"谅"了。

▇ 冯厚斋曰：历万变而不失其正者，"贞"也，"谅"则固守而不知变也。自经于沟渎之中，政是匹夫匹妇之"谅"。"贞"者，事之干也，干，居中植立，靠着一边不得。若略着边际，便为"谅"矣。

《论语》原典·事君章

子曰："事君，敬其事而后其食。"

译文　孔子说："侍奉君主，应当敬守职责而把领取俸禄的心放在后面。"

♡　张岱　李卓吾

朋友圈纵横谈（▇ 为原文）

 李卓吾

"只有明白了'敬'字是什么样的精神，那么不去想着将俸禄放在后位，也会自然将它放在后位。""后"简直就是断绝了这种想法而不将它放在心上,看朱熹《论语集注》里说的"后获之后"就明白了。

📖 李卓吾曰:"但见'敬'字何等精神!不期食之后而自后矣"。后直是绝是念而不存于胸中,观注"后获之后"可见。

《论语》原典·有教章

子曰:"有教无类。"

译文 孔子说:"不管什么人都可以进行教化,不分类别。"

♡ 张岱

朋友圈纵横谈(📖 为原文)

张岱

圣人礼乐之教,就如同天上的雨露,万物无一不在其滋润养护之中,所以没有好的木材、坏的树木,荆棘、芝兰的差别。

📖 圣人曲成之教,如天之雨露,无一不在其滋润之中,故无有良材、恶木,荆棘、芝兰之别。

《论语》原典·为谋章

子曰:"道不同,不相为谋。"

译文 孔子说:"大道不同,不能够一起谋事。"

♡ 张岱

朋友圈纵横谈(▮为原文)

张岱

《伯夷传》中说:"道不同,不能一起谋划,也是各自成就各自所信奉的道罢了。"是说天下的道理,原本就是这样的,不会完全等同。如果能够得道,何必强求一定要相同呢?

▮《伯夷传》曰:"道不同,不相为谋,亦各成其是也。"谓天下道理,原是如此,自然不相合一。苟得于道,何必强求其同?

《论语》原典·辞达章

子曰:"辞达而已矣。"

译文 孔子说:"辞令,只要能表达清楚意思就可以了。"

♡ 张岱 王元美 张侗初

朋友圈纵横谈（■为原文）

王元美

> 有些意思是深刻的语言不能表达而浅显的语言能够表达，有些是详尽的语言不能表达而简略的语言能够表达，有些是文雅的语言不能表达而通俗的语言能够表达，有些是正面的语言不能表达而侧面的语言能够表达。所以东周、西汉的文字最为古老，而它们表达的思想却最为透彻。现在的人只是以浅显粗陋为明达，而不知道无论是奇正还是混沌无知，都有一个"达"在。
>
> ■ 王元美曰：夫意有深言之而不达，浅言之而乃达者；详言之而不达、略言之而乃达者；正言之而不达，旁言之而乃达者；雅言之而不达，俚言之而乃达者。故东周、西汉之文最古，而其能道人意中事最透。今只以浅陋为达，而不知奇正浑噩都有个"达"在。

张侗初

> 应当知道山下的泉水，向四海奔流去。到达者是有个本源在的；正因有本源，所以到达之后才能够停止。
>
> ■ 张侗初曰：须知山下之泉，放乎四海，达者有个本在；惟有本，故达而能止。

张岱

> "达"就像是水在沟壑间流动,弯弯曲曲,中间历尽了湍急和平缓的变化;又像是草木刚开始发芽,破种壳而萌嫩芽,完全融汇了天工造物的巧妙。这才能称为得到了"达"的精髓。
>
> ▌ "达"如流水之走壑,委蛇曲折,尽激湍平流之变。又如草木之始芽,甲坼勾萌,尽化工造物之巧。始为得之。

《论语》原典·师冕章

师冕见,及阶,子曰:"阶也。"及席,子曰:"席也。"皆坐,子告之曰:"某在斯,某在斯。"师冕出,子张问曰:"与师言之道与?"子曰:"然。固相师之道也。"

译文 乐师冕来拜见孔子,他走到台阶处,孔子说:"这是台阶。"走到席位旁,孔子说:"这是坐席。"等大家都坐下来,孔子告诉他:"某人在这边,某人在这边。"师冕出去后,子张就问道:"这就是和乐师的谈话之道吗?"孔子说:"是的。这就是扶助盲者之道(古乐师多为盲者)。"

♡ 张岱　王龙溪

朋友圈纵横谈（为原文）

张岱

朱震拜见谢良佐，已经是下午三点多了。谢良佐说："今天无论如何也要跟你们讲完一部《论语》。"朱震非常疑惑。一会儿，谢良佐拿着《师冕见章》说："圣人之道没有显著或微小，没有外部或内部，从做打扫等家务、知晓迎送客人的礼节而上达于天道，本和末是一以贯之的。一部《论语》只能这样来看。"

朱震谒谢上蔡，日已晡矣。谢曰："好歹与贤辈说一部《论语》去。"震殊疑惑。少顷，谢举《师冕见章》曰："圣人之道无显微，无外内，由洒扫应对进退而上达天道，本末一以贯之，一部《论语》只恁地看。"

王龙溪

一部《论语》是对没有悟道的人说法，就是所谓的与盲人相处之道，所以说"及阶""及席""某在斯，某在斯"，是一一向他指明。如果是对眼睛明亮的人说，就变成了多余的话。

王龙溪曰：一部《论语》为未悟者说法，所谓相师之道也，故曰"及阶""及席""某在斯，某在斯",一一指向他说。若为明眼人说,即成剩话。

季氏第十六

张岱讲《论语》·季氏第十六

《论语》原典·季氏章

季氏将伐颛臾。冉有、季路见于孔子曰："季氏将有事于颛臾。"孔子曰："求！无乃尔是过与？夫颛臾，昔者先王以为东蒙主，且在邦域之中矣，是社稷之臣也。何以伐为？"冉有曰："夫子欲之，吾二臣者皆不欲也。"孔子曰："求！周任有言曰：'陈力就列，不能者止。'危而不持，颠而不扶，则将焉用彼相矣？且尔言过矣。虎兕出于柙，龟玉毁于椟中，是谁之过与？"冉有曰："今夫颛臾，固而近于费。今不取，后世必为子孙忧。"孔子曰："求！君子疾夫舍曰'欲之'而必为之辞。丘也闻有国有家者，不患寡而患不均，不患贫而患不安。盖均无贫，和无寡，安无倾。夫如是，故远人不服，则修文德以来之。既来之，则安之。今由与求也，相夫子，远人不服而不能来也，邦分崩离析而不能守也，而谋动干戈于邦内。吾恐季孙之忧，不在颛臾，而在萧墙之内也。"

译文　季氏将要兴兵讨伐颛臾。冉有、子路去见孔子，说："季氏将要攻打颛臾了。"孔子说："冉求，这不是你的过失吗？颛臾，是从前周天子封它做东蒙山之主的，而且是在鲁国的疆域之内，是鲁国的臣属啊，为什么要讨伐它呢？"冉有说："是季孙大夫想去攻打的，我们两个人都不主张。"孔子说："冉求，周任曾经说过：'尽自己的力量去承担你的职位，如果不能胜任就辞职。'有危险不去扶助，颠簸跌倒不去挽扶，那还要辅助的人干什么呢？况且你说的话错了。老虎、犀牛从笼子里逃出来，龟甲、玉器在匣子里毁坏了，是谁的过失呢？"冉有说："现在的颛臾，城墙坚固而且距费邑很近。现在不把夺取它，将来一定会成为子孙的祸患。"孔子说："冉求，君子痛恨那种不肯实说自己想要，但那样去做却又一定要为自己找借口的做法。我听说，对于一国一家，不担忧贫乏，而担忧财富不均；不担忧人口少，而担忧不能安定。财富均衡了,也就没有所谓贫穷了;百姓和睦,就不会感到人口少了;大家相安了,也就没有倾覆的危险了。正因为这样,如果远方的人不归服,就用仁、义、礼、乐将他们招来;招来之后,就让他们安顿下来。现在仲由和冉求你们两个人,辅助季氏,远方的人不归服而不能把他们招来;国内民心离散你们不能保全,却谋划在国内使用武力。我只怕季孙的祸患不在颛臾,而在自己的门屏之内呀!"

♡ 张岱　姚承庵

朋友圈纵横谈(▉为原文)

张岱

"将"是指已经谋划完毕,还没有实际行动。作为臣子不应该有这种行为,有则一定要责罚。"伐",是指征讨有罪之人,这里用"伐"字,是说季氏认为他有罪而去讨伐他。

孔夫子唯独责问冉求,是为了逼他说出真话,冉求说"今不取,后世必为子孙忧",证明了是他和季氏的秘密谋划。这是他将自己供述出来了。

▉ "将"者谋已成,而事未发也。人臣无将,"将"则必诛。"伐"者,征有罪之词,此以"伐"书,犹曰季氏以彼为有罪而伐之耳。

夫子单责冉求,逼他说出真话,"今不取,后世必为子孙忧",冉求与季氏所密谋者也。此是自具供状。

姚承庵

季氏讨伐颛臾,只是因为一个"欲"字。"欲"就会"患寡""患贫",就会无视鲁国的先王。冉求用子孙的忧虑,来掩盖文饰季氏的"欲"。孔夫子阐明大义,是为了遏制他的"欲"。一直从"欲"字推断到他内部的忧患,揭示了"欲"不可放纵的道理。

▋ 姚承庵曰:季氏伐颛臾,只是一个"欲"字。"欲"便"患寡""患贫",便无鲁先王。冉求以子孙之忧,文季氏之"欲"。夫子明大义,以止其"欲"。直从"欲"字究到他萧墙之忧,见"欲"之必不可肆也。

张岱

"有国有家"四个字,勾画了一个平均、安定的画面。孔子又大声说"丘也闻",与"昔者先王"暗暗相应,都是借用周天子、鲁国先王来压制他们。

▋ "有国有家"四字,便画成一均安图。又喝"丘也闻",暗应"昔者先王",总以周天子、鲁先王借来弹压。

《四书遇》导读

《论语》原典·有道章

孔子曰:"天下有道,则礼乐征伐自天子出;天下无道,则礼乐征伐自诸侯出。自诸侯出,盖十世希不失矣;自大夫出,五世希不失矣;陪臣执国命,三世希不失矣。天下有道,则政不在大夫。天下有道,则庶人不议。"

译文　孔子说:"天下有道之时,制作礼乐和出兵打仗都由天子决定的;天下无道之时,制作礼乐和出兵打仗都由诸侯作主决定。由诸侯决定,大概很少有经过十代而不垮台的;由大夫决定,很少有经过五代不垮台的;由大夫的家臣把持政权,很少经过三代不垮台的。天下有道,政权不会落在大夫手中。天下有道,老百姓不会议论国家政治。"

♡ 张岱

朋友圈纵横谈(▮为原文)

张岱

　　这一章完全概括了春秋的始末。"礼乐征伐自天子出",是春秋以前的事情;"自诸侯出",是鲁隐公、鲁桓公、鲁庄公、鲁闵公时期的春秋;"自大夫出",鲁僖公、鲁文公、鲁宣公、鲁成公时期的春秋;"陪臣执国命",是鲁襄公、鲁昭公、鲁定公、鲁哀公时期的春秋。

　　▮此章备春秋之始终。"礼乐征伐自天子

出",是春秋以前事;"自诸侯出",隐、桓、庄、闵之春秋也;"自大夫出",僖、文、宣、成之春秋也;"陪臣执国命",襄、昭、定、哀之春秋也。

张岱

说"庶人不议"有暗暗感伤自己写《春秋》的意思,这一章是专门针对大夫专政的情况所发的议论。

▌曰"庶人不议"隐然有自伤作《春秋》之意,此章专为大夫专政而发。

 顾泾阳

依此为上,是明确地批评统治者;以此为下,是暗暗责备统治者。一部《春秋》,大半的意思都在这里。

▌顾泾阳曰:以此上,显诛在上之人也;此以下,阴咎在上之人也。一部《春秋》大半在此。

《论语》原典·三桓章

孔子曰:"禄之去公室五世矣,政逮于大夫四世矣,故夫三桓之子孙微矣。"

译文 孔子说:"鲁公失去国家政权已经有五代了,政权落在大夫手中已经有四代了,所以三桓的子孙现在也衰微了。"

♡ 张岱

朋友圈纵横谈(▬为原文)

张岱

"子孙微",不是对没有发生的事情的推断。鲁定公五年,阳货已经囚禁了季孙斯,玩味本文中的"故夫""矣"这些字就知道了。我家先祖张栻说:当三家专享鲁国公室的俸禄,而窃取鲁国政权的时候,他们本来的私心,就是想要为子孙谋利,哪里知道他们子孙的衰微其实是以此为先兆的。

▬ "子孙微",不是推测于未然。定公五年,阳货已囚桓子,玩本文"故夫"字,"矣"字可见。家南轩曰:方三家专公室之禄,而窃鲁国之政,本其私意,欲以利其子孙,而岂知其子孙之微实兆于此。

《论语》原典·三友章

孔子曰:"益者三友,损者三友。友直,友谅,友多闻,益矣。友便辟,友善柔,友便佞,损矣。"

译文　孔子说:"有益的朋友有三种,有害的朋友有三种。和正直的人交友,和守信的人交友,和见识广博的人交友,是有益的。和惯于装腔作势的人交友,和善于阿谀奉承的人交友,和经常花言巧语的人交友,是有害的。"

♡　张岱　许敬庵

朋友圈纵横谈（为原文）

 许敬庵

> 和益友相处,就像春夏时期的白昼,渐渐变长而人没有察觉;和损友相处,就像火上的脂油,也是渐渐消融而人没有察觉。
>
> 　许敬庵曰:与益友处,如春夏之日,以渐加长而不觉;与损友处,如火之于膏,亦以渐消灭而不觉。

张岱

要注重"友"字,是我以别人为友,有损或有益都是从我来说的;但益友多是让人敬畏的,损友多是让人喜爱的,全部都在于自己谨慎选择。

▌重"友"字,乃我友之也,损益俱主我言;但益友多可畏,损友多可喜,全在自己慎其所择。

《论语》原典·三乐章

孔子曰:"益者三乐,损者三乐。乐节礼乐,乐道人之善,乐多贤友,益矣。乐骄乐,乐佚游,乐宴乐,损矣。"

译文 孔子说:"有益的喜好有三种,有害的喜好有三种。喜欢将自己的行为用礼乐来约束,喜欢称道别人的好处,喜欢结交众多贤德之友,是有益的。喜欢骄纵的快乐,喜欢随意游荡,喜欢过度安逸的快乐,是有害的。"

♡ 张岱

朋友圈纵横谈(▌为原文)

张岱

这一章和前一章的句末都有"益矣""损矣"这几个字,有千叮咛万嘱咐的告诫意味,这就是所谓的言有尽而意无穷。

▌二章末后皆有"益矣""损矣"二字,有千万叮咛告戒之意,所谓言有尽而意无穷也。

《论语》原典·三愆章

孔子曰:"侍于君子有三愆:言未及之而言,谓之躁;言及之而不言,谓之隐;未见颜色而言,谓之瞽。"

译文 孔子说:"侍奉君子,容易犯三种过失:还没有说到他的时候就发言,这是轻躁;已经说到他的时候他却不说话,这叫隐避;不看对方脸色而贸然说话,这叫没眼色。"

♡ 张岱 朱熹

朋友圈纵横谈(为原文)

朱熹

> 圣人只是劝诫人们说话要看时机,不可以随便乱说。急躁的人是时机未到而说话,隐避的人是在时机已过才说话,没眼色的人是不懂得看时机。
>
> ▓ 朱子曰:圣人只是戒人言语以时,不可妄发。躁者先时,隐者后时,瞽者不能相时。

《论语》原典·三戒章

孔子曰:"君子有三戒:少之时,血气未定,戒之在色;及其壮也,血气方刚,戒之在斗;及其老也,血气既衰,戒之在得。"

译文 孔子说:"君子有三种应引以为戒的事情:年少时,血气还不稳定,要戒除好色;等到壮年时,血气旺盛,要戒除好斗;等到老年时,血气已经衰弱了,要戒除贪心。"

♡ 张岱

朋友圈纵横谈(▮为原文)

张岱

> 三者都是依靠血气来做事,君子是依靠性命之学来把持稳定自己,就不会被血气影响了。
>
> ▮ 三者皆血气用事,君子以性命之学主持得定,便不为血气缠扰。

《论语》原典·三畏章

孔子曰:"君子有三畏:畏天命,畏大人,畏圣人之言。小人不知天命而不畏也,狎大人,侮圣人之言。"

译文　孔子说："君子有三件敬畏之事：敬畏天命，敬畏地位尊崇的人，敬畏圣人之言。小人不懂得天命因此而不敬畏，轻慢地位尊崇的人，戏侮圣人之言。"

♡　张岱　李衷一

朋友圈纵横谈（ 为原文）

 李衷一

> "天命"，就是上帝给以的命运，就是所谓的修明吉事远离厄运。"大人"，就是德高望重，为一个时期的表率的人。圣言，就是典籍所记载的东西，典、谟、刑、诰都属于圣言。
>
> 　李衷一曰："天命"，即上帝临汝之命，所谓修吉悖凶是也。"大人"，是德望隆重，为一时师表者。圣言，则方策所载，典、谟、刑、诰皆是。

张岱

> 只有君子是知晓天命的，所以不敢不敬畏。《中庸》说"居易俟命"，《孟子》说"行法俟命"。等待天命之心，正是敬畏天命之心。修养自身就是等待天命，那么敬畏地行善，敬畏地去除恶

念，天与人相互感应，没有一点差错，这是君子敬畏天命的原因。

▉ 惟君子知天命，故不敢不畏。《中庸》称"居易俟命"，《孟子》称"行法俟命"。夫俟之之心，正畏之之心也。修身为俟，则凛然为善，凛然去恶，天人感应，毫发不爽，君子所以畏天命也。

《论语》原典·生知章

孔子曰："生而知之者，上也；学而知之者，次也；困而学之，又其次也；困而不学，民斯为下矣。"

译文　孔子说："生来就知道的人，是最上等的；经过学习以后才知道的人，是次一等的；遇到困惑再去学习的人，是又次一等的；遇到困惑还不学习，这就是下等的人了。"

♡　张岱　张符九　李卓吾

朋友圈纵横谈（▉ 为原文）

张符九

知的是什么？又是如何获得知呢？知的人不同，而他们所知的东西是相同的。两个"次"字，就像是《孟子》中"志至，气次之"的"次"字，次一等的人和生来就知道的人,差别还不是很大。

▮ 张符九曰:知的是怎么?又是怎么去知之?知之者异,而所知者同。两"次"字,如《孟子》"志至,气次之","次"与"生知",不甚相远。

李卓吾

说到"不学"才说出"民"字,只有"不学"才被称为"民"。可见"士"全都在于"学",现在名为"士"而"不学"的人,是"士"还是"民"呢?请自己去思考。

▮ 李卓吾曰:到"不学"方说出"民"字,惟"不学"始谓之"民"耳。可见"士"全在"学",今之名为"士"而"不学"者,"士"乎"民"乎?请自思之。

《论语》原典·九思章

孔子曰:"君子有九思:视思明,听思聪,色思温,貌思恭,言思忠,事思敬,疑思问,忿思难,见得思义。"

译文 孔子说:"君子有九种思考:看的时候,要思考是否明;听的时候,要思考是否清;脸色,要思考是否温和;容貌,要思考是否谦恭;说话时,要思考是否忠诚;办事时,要思考是否慎重;疑惑时,要思考是否应询问；愤怒时，要思考是否有后患；得到什么时，要思考是否合乎道义。"

♡ 张岱　杨复所

朋友圈纵横谈（■ 为原文）

杨复所

> 这是指人们用来求"知"的方法。让他去零碎地思考，自然会有一个完整的"知"迸发出来。人的六根之中，如果有一个已经返回到原初清净的状态，那么六根就一起解脱了。
>
> ■ 杨复所曰：此指人以求"知"之路也。教他零碎思去，自有一个囫囵"知"迸出来。一根既返元，六根齐解脱。

张岱

> 这里的"思"不是凭空玄想，因为行动就包括在其中。
> 看这"九思"都有个本位在，所以说"君子思不出其位"。
> ■ 这"思"不是空思想，作为就在其中。看"九思"俱有个位在，故曰"君子思不出其位"。

《论语》原典·见善章

孔子曰:"见善如不及,见不善如探汤。吾见其人矣,吾闻其语矣。隐居以求其志,行义以达其道。吾闻其语矣,未见其人也。"

译文 孔子说:"见到善行,就像担心失去它一样去努力追求;看到不善的行为,就像把手伸到开水中一样急忙避免。我见到过这样的人,也听到过这样的话。隐居避世以追求自己的志向,践行道义以弘扬自己的大道。我听到过这样的话,却没有见到过这样的人。"

♡ 张岱 袁中郎

朋友圈纵横谈(▢为原文)

袁中郎

> 隐居并非只是隐居,隐居是为了求得自己的志向;践行并非只是践行,践行是为了光大自己的道。这样解释,两个"以"字才有着落。
>
> ▢ 袁中郎曰:隐非空隐,隐以求其志;行非徒行,行以达其道。如此说,两"以"字方有着落。

张岱

> 春秋时期，不但没有伊尹、姜子牙，即便是有伊尹、姜子牙，也没有商汤、武王。孔子的一生，周游列国而最后终老在洙泗之地。所以说：将求志和达道二者都做到的人，是没有的，也是实话。
>
> 春秋之时，不惟无伊尹、太公，便是有伊尹、太公，亦自无汤、武也。孔子一生，辙环而老于洙、泗可见矣。故曰：求志达道，二者合一，未见其人，自是实语。

《论语》原典·千驷章

齐景公有马千驷，死之日，民无德而称焉。伯夷、叔齐饿于首阳之下，民到于今称之。其斯之谓与？

译文　齐景公有四千马匹，到他死的时候，百姓们认为他没有什么德行可称颂。伯夷、叔齐饿死在首阳山下，百姓们到现在还在称颂他们。大概说的就是这个意思吧？

♡　张岱　马君常

朋友圈纵横谈（为原文）

张岱

崔杼杀了齐庄公，立庄公的弟弟为齐景公，齐景公不能为他的兄长讨伐逆贼，而是只知道对着牛山哭泣，贪恋荣华富贵，感叹人的生死，所以孔子用伯夷叔齐来跟他比较，只是指他们让出国君之位这件事，都在贫富生死上进行评论，本文不包括伯夷叔齐"不食周粟"的事情。

崔杼弑庄公，立其弟景公，景公不能为兄讨贼，而但涕泣牛山，贪恋富贵，感叹生死，故孔子以夷齐比伦，只指其让国一事，全以贫富生死上立论，"不食周粟"，本文所无。

马君常

"民"字提出了千古真正的评判者，这就是前文所谓的"三代直道而行"。

马君常曰："民"字提出千古真月旦，所谓三代直道而行也。

《论语》原典·异闻章

陈亢问于伯鱼曰:"子亦有异闻乎?"对曰:"未也。尝独立,鲤趋而过庭。曰:'学《诗》乎?'对曰:'未也。''不学《诗》,无以言。'鲤退而学《诗》。他日,又独立,鲤趋而过庭。曰:'学礼乎?'对曰:'未也。''不学礼,无以立。'鲤退而学礼。闻斯二者。"陈亢退而喜曰:"问一得三:闻《诗》,闻礼,又闻君子之远其子也。"

译文 陈亢问伯鱼,说:"你在你父亲那里有听到过什么特别的教诲吗?"伯鱼回答:"没有呀。有一天父亲独自站在堂上,我快步从中庭走过。他问我:'学《诗》了吗?'我回答:'没有。'他说:'不学诗,就不懂得怎么说话。'我回去就开始学《诗》。又有一天,他又独自站在堂上,我快步从中庭走过,他问我:'学礼了吗?'我回答:'没有。'他说:'不学礼,就不懂得怎样立身。'我回去就开始学礼。我私下就听到过这两件事。"陈亢回去高兴地说:"我提一个问题而有三个收获,听说了《诗》,听说了礼,又知道了君子不偏厚自己的儿子。"

♡ 张岱　钟伯敬　沈无回

朋友圈纵横谈(▬为原文)

钟伯敬

"无以言""无以立",看《论语·阳货·伯鱼篇》"孔子对伯鱼说,不学《周南》《召南》就如同面墙而立"就自然会明白了。父子相见的最深情感,如果说到这种程度，觉得特别的教诲反而浅显了。

> 钟伯敬曰："无以言""无以立"，看"面墙"二字自明。父子对面至情，若语到此，觉"异"字反浅。

沈无回

> 故意疏远自己的儿子，就不能不故意特别教诲自己的儿子。"远"和"异"，都一样是私心。陈亢终究还是没明白。
>
> 沈无回曰：有意于远其子，则不能无意于异其子矣。"远"与"异"，一私心也。陈亢到底不曾明白。

《论语》原典·小童章

邦君之妻，君称之曰"夫人"，夫人自称曰"小童"；邦人称之曰"君夫人"，称诸异邦曰"寡小君"；异邦人称之，亦曰"君夫人"。

译文　国君的妻子，国君称她为"夫人"，夫人自称为"小童"，；国人称她为"君夫人"，对其他国家的人则称她为"寡小君"；其他国家的人称呼她，也称"君夫人"。

♡ 张岱

朋友圈纵横谈（为原文）

张岱

第一句指明"邦君之妻"，后面说"君夫人""寡小君""君夫人"，每一段都离不开"君"字，所谓妻子因为丈夫而显贵，和君并称，又可以看出"妻者，齐也"的含义。我家先祖张栻说：这是厘正名分的意思。春秋时期把父亲的妾称为夫人的人很多，甚至把自己的妾称为夫人，就像鲁国、卫国、晋平公那样的做法，名分和事实相违背竟然到了这种程度。厘正名分，是为了指出事实，使名实相符。

首句揭出"邦君之妻"，下说"君夫人""寡小君""君夫人"，段段不脱"君"字，所谓妻以夫贵也，与君齐称，又见妻者齐也之义。家南轩曰：此正名之意。春秋时以妾母为夫人者多矣，甚则以妾为夫人，如鲁卫、晋平之为者，名实之乖，一至于此。正其名，所以责其实也。

阳货第十七

张岱讲《论语》·阳货第十七

《论语》原典·阳货章

阳货欲见孔子，孔子不见，归孔子豚。孔子时其亡也，而往拜之。遇诸涂。谓孔子曰："来！予与尔言。"曰："怀其宝而迷其邦，可谓仁乎？"曰："不可。""好从事而亟失时，可谓知乎？"曰："不可。""日月逝矣，岁不我与。"孔子曰："诺。吾将仕矣。"

译文　阳货想见孔子，孔子不见他，他便送给孔子一只小猪（按礼，大夫赠给士财物，士应当登门拜谢）。孔子打听到阳货不在家，就前往阳货家拜谢。在半路上遇见了阳货。阳货对孔子说："来，我有话要对你说。"阳货说："把宝藏（道）在自己身上而听任整个国家迷惑混乱，这可以算是仁吗？"孔子回答："不可以。"阳货说："喜欢参与政事而又屡次错过机会，这可以算是智吗？"孔子回答："不可以。"阳货说："光阴一天天过去，年岁是不等人的。"孔子说："好吧。我快要出仕了。"

♡ 张岱　顾泾阳

朋友圈纵横谈（■为原文）

 顾泾阳

> 阳货窥视孔子出门，是小人笼络人才的手段；孔子等待阳货出门再去拜访，是圣人自然而然的随机应变。玩味下文中"遇诸涂（途）"这句话，可以知道孔子未尝在意。@张九成说：如果说当时孔子曾经窥视阳货，为什么不预先在路上避开他呢？

解释得很巧妙。

▰ 顾泾阳曰：阳货瞰亡，是小人罗致之术；孔子时亡，是圣人自然随应之宜。玩下文"遇诸涂"语，可见圣人未尝着意。子韶云：当时若说曾窥瞰，何不中途预避之？妙得其解。

张岱

山鬼的伎俩是有限的，而高僧不听不看的法门是无穷的。这是孔子对待阳货的方式。"时其亡"，意思本来是刚好在阳货出门的时候，圣人哪里有成心呢？像孟子说的"亦瞰其亡"，就是有意为之了，不如圣人之心自在。

▰ 山鬼之伎俩有尽，老僧之不听不睹无穷。此是孔子待阳货法。"时其亡"，原是适当其亡之时耳，圣人何心焉？若孟子说："亦瞰其亡"，便涉作用，不如圣人自在。

《论语》原典·性近章

子曰："性相近也，习相远也。"

译文　孔子说："人的本性是相近的，由于习气而变得不同了。"

♡　张岱　王荆公　张侗初

朋友圈纵横谈（ 为原文）

王荆公

说人的本性是相近的，因为反复做的事情不同而变得有差别，所以反复做什么一定要慎重，不是仅仅说天下人的本性都是相近的就算了。

 王荆公曰：言相近之性，以习而相远，则习不可不慎，非谓天下之性皆相近而已矣。

张侗初

圣人说"性相近"，比孟子说"性善"更加完整圆融。圣人说的尚且是习得之前的性，而孟子说的是习得过程中的性。子思说"天命之谓性"，是说的习得之前的情况，"率性之谓道"，就是在习得中说了。人出生之后刚会动，他的知觉就已经是习得的了。知道爱、敬，都是从习得开始的。试想未被父母生出前是什么样的呢？所以说"相近"。像朱熹《四书集注》把它解释为"气质之性"，不止是增加了万丈魔事啊。

 张侗初曰：圣人说"性相近"，较孟子说"性善"觉浑融。盖圣人尚说习前之性，孟子却说习中之性。子思说"天命之谓性"，是在习前说，"率性之谓道"，则在习中矣。人生堕地才动，知觉便是习。知爱、

> 知敬，都是习始也。试看父母未生前如何？所以曰"相近"。若注云"气质"，则何啻添万丈魔。

《论语》原典·不移章

子曰："唯上知与下愚不移。"

译文　孔子说："只有上等智慧的人与下等愚昧的人是改变不了的。"

♡　张岱　王龙溪

朋友圈纵横谈（▇为原文）

张岱

> 只有上等智慧的人是不会改变的，那么所有未能达到上等智慧的人应该感到危殆了！只有下等愚昧的人是不会改变的，那么所有不甘于下等愚昧的人应该自勉了！
>
> ▇ 唯上知不移，则凡未能上知者可危矣！唯下愚者不移，则凡不甘下愚者可勉矣！

王龙溪

圣人实施教化,都是为中等人而设的。

王龙溪曰:圣人立教,皆为中人而设。

张岱

说"不移",也是他自己不肯改变,可见与天性如何也没什么关系。

曰"不移",亦彼自不肯移耳,可见也不干性事。

《论语》原典·武城章

子之武城,闻弦歌之声。夫子莞尔而笑,曰:"割鸡焉用牛刀?"子游对曰:"昔者偃也闻诸夫子曰:'君子学道则爱人,小人学道则易使也。'"子曰:"二三子!偃之言是也。前言戏之耳。"

译文 孔子到武城,听到了弹琴唱歌的声音。孔子微笑着说:"杀鸡何必用宰牛的刀呢?"子游回答:"以前我曾听您说过,'君子学习了道就能爱人,小人学习了道就容易指使。'"孔子说:"各位,言偃的话是对的啊。我前面说的话只是个玩笑而已。"

♡ 张岱

朋友圈纵横谈（为原文）

张岱

孔子梦寐之中的弦歌之声，现在忽然亲自听到，戏谑它，是因为非常开心。子游忽然一本正经地说话，孔子担心随行的弟子们把戏谑的话当成真的，所以承认自己刚才说的是戏言，多么地圆融灵活！

 孔子梦寐弦歌，今得亲见，谑之者，喜极也。子游忽然庄语，恐二三子认谑为真，故以戏言自认，何等圆活！

张岱

公山，是姓氏，弗扰，是名字，还有一个名字为不狃，他是费邑的城宰。他和阳货一起囚禁了季孙斯。阳货失败以后出逃，公山弗扰就在费邑叛变了。这是鲁定公八年发生的事情，不是孔子当中都宰时候的事。到鲁定公十二年拆除费邑城墙的时候，公山弗扰又叛变了，这时候孔子正在鲁国受到重用，怎么会想去应一个叛乱之臣的召唤呢？

 公山，氏，弗扰，名，一云不狃，费邑宰也。与阳货共执桓子。虎败出奔，弗扰据费以叛。此是定公八年事，非孔子宰中都时事也。至十二年堕费时，弗扰又畔，则孔子方用于鲁，岂有欲赴叛人之召哉？

杨用修

> 孔夫子作《春秋》是从周平王开始写的,《诗经·王风》是以《蜀黎》这首诗为第一篇的,将"西归"记录在《诗经·桧风》,采选"美人"在《诗经·邶风·简兮》之中,是因为没有一天忘记西周。所以说"吾其为东周乎?"是说如果真的有重用我的人,我哪里就满足于东周就这样弱小、偏安一隅呢?意思就是不达到文王、武王、成王、康王时期那样的鼎盛,就不会停止努力。
>
> 📖 杨用修曰:夫子作《春秋》始于平王,定《王风》于《黍离》,录"西归"于《桧风》,采"美人"于《简兮》,盖未尝一日忘西周也。故曰:"吾其为东周乎?"言如有用我者,肯为东周之微弱偏安而已乎?意不至于文、武、成、康之盛,不止也。

《论语》原典·问仁章

子张问仁于孔子。孔子曰:"能行五者于天下,为仁矣。""请问之。"曰:"恭、宽、信、敏、惠。恭则不侮,宽则得众,信则人任焉,敏则有功,惠则足以使人。"

译文　子张向孔子问仁道。孔子说:"能够将五种品德行于天下,就是仁了。"子张说:"请问是什么。"孔子说:"恭敬、宽厚、诚信、勤敏、慈惠。恭敬就不会遭受侮辱,宽厚就能得到众人之心,诚信就能得到别人的信任,勤敏就会有功绩,慈惠就可以使唤人。"

♡ 张岱

朋友圈纵横谈(▇为原文)

张岱

高景逸向孔子弟子问"仁"。颜回是深沉不露的,为什么孔子从视听言动的角度告诉他呢?子张是致力于外在事务的人,孔子却又跟他说"能行五者于天下"?回答:都是因为仁的本质是以天下万物为一体的。颜回的修养功夫浑然天成,孔子就从内在的天性上向他指出外在行为应该如何;子张的修养功夫高深广大,孔子从外部作用影响上为他探究仁之本体。其实万物一体,最初的源头都是相同的。

▇高景逸问圣门求"仁"。颜子是沉潜的,如何圣人在视听言动上告他?子张是务外人,却又曰:"能行五者于天下"?答曰:总是仁体通天下为一身的。颜子功夫浑成,圣人从天性上点出形色;子张功夫高大,圣人从作用上究竟本体。其实万物一体,源头初无二也。

《论语》原典·佛肸章

佛肸召,子欲往。子路曰:"昔者由也闻诸夫子曰:'亲于其身为不善者,君子不入也。'佛肸以中牟畔,子之往也,如之何?"子曰:"然。有是言也。不曰坚乎,磨而不磷;不曰白乎,涅而不缁。吾岂匏瓜也哉?焉能系而不食?"

译文　佛肸召孔子,孔子想要前往。子路说:"从前我听您说过:'亲自去做不善之事的人,君子是不去他那里的。'现在佛肸占据中牟反叛,你却要前往,怎么解释呢?"孔子说:"是,我说过这样的话。不是说坚硬的东西,磨也不会变薄吗?不是说洁白的东西,染也不会变黑吗?我难道是个苦味葫芦吗?哪能只挂着而不让人吃呢?"

♡　张岱　徐自溟　杨用修

朋友圈纵横谈(▬为原文)

徐自溟

通达的人却被世俗所累,称为"磷""淄";坚贞之士被世俗拘束,称为"系"。孔子有对世事的权衡而不为所累,有坚贞之士的操守而不为所拘。

▬徐自溟曰:通士之为世累者,曰"磷"、曰"淄";贞士之为世拘者,曰"系"。圣人有通世之权而无其累,有贞士之守而无其拘。

685

杨用修

　　匏瓜，是一颗星的名字。系，是日月星辰系焉的"系"。系于天而不可食，就是《诗经》中"维南有箕，不可以簸扬；维北有斗，不可以挹酒浆"的意思。

　　◼ 杨用修曰：匏瓜，星名。系者，日月星辰系焉之系也。系而不食者，即南有箕不可以簸扬；北有斗不可以挹酒浆之意。

张岱

　　世上的坚和白，正是会被磨损和染黑，会变成不坚不白的地方。如果逃避被磨损或染黑而自称坚或白，只是做一个只成全自己的自了汉。而孔子是哪怕为世人所不容或者谩骂，理解我或者怪罪我，任凭当世人如何评说，都不愿意离世隐居。

　　◼ 世有坚白，正为磨涅地也，更为不坚不白地也。如避磷淄而称坚白，只作一自了汉。此削迹伐檀，知我罪我，听之当世，终不肯为高蹈一着。

《论语》原典·六蔽章

子曰:"由也!女闻六言六蔽矣乎?"对曰:"未也。""居!吾语女。好仁不好学,其蔽也愚;好知不好学,其蔽也荡;好信不好学,其蔽也贼;好直不好学,其蔽也绞;好勇不好学,其蔽也乱;好刚不好学,其蔽也狂。"

译文 孔子说:"由呀,你听说过六种品德和六种弊病的说法吗?"子路回答:"没有。"孔子说:"你坐下,我来告诉你。爱好仁德而不好学,弊病是愚蠢;爱好智慧而不好学,弊病是荡佚;爱好诚信而不好学,弊病是反遭伤害;爱好直率而不好学,弊病是尖刻;爱好勇敢而不好学,弊病是犯上作乱;爱好刚强而不好学,弊病是狂妄自大。"

♡ 张岱 杨复所

朋友圈纵横谈(▇为原文)

张岱

一个人"不好学",则"六言"对他都是相互独立的,自然会有"蔽"。"学",则"六言"融会贯通为一体,怎么还会有"蔽"呢?"蔽"有"六言","学"则只有一种。

▇"不好学",则"六言"各自一路,自然有"蔽"。"学",则"六言"通而为一,如何有"蔽"?盖"蔽"有"六言","学"止一学也。

杨复所

> "言"字非常妙,因为在没有学之前,它们不过是外在的六个名称罢了,还没有成为德,所以还可能被遮蔽阻碍而成为"六蔽"。
>
> 📖 杨复所曰:"言"字极妙,盖未学之前,不过外面六个名号耳,未为德也,所以犹可障碍而为"六蔽"也。

《论语》原典·学诗章

子曰:"小子何莫学夫《诗》?诗,可以兴,可以观,可以群,可以怨。迩之事父,远之事君;多识于鸟兽草木之名。"

译文 孔子说:"弟子们为什么不去学习《诗》呢?《诗》,可以激发志气,可以博观天地,可以使人懂得如何在人群中自处,可以使人懂得如何正当地去怨。近可以懂得如何侍奉父母,远可以懂得如何侍奉君主;还可以多知道一些鸟兽草木的名字。"

♡ 张岱

朋友圈纵横谈（为原文）

张岱

> 王子系喜好《诗经》中的《晨风》，影响他的父亲对此心有感悟；裴安祖讲解《诗经》中的《鹿鸣》，感动他的兄弟们每天一同用餐。在《诗经》中，《晨风》《鹿鸣》不是为父子兄弟而作的，感发作用却是这样大！即使说《诗经》三百篇都是忠孝篇目也是可以的。
>
> 王子系好《晨风》，而慈父感悟；裴安祖讲《鹿鸣》，而兄弟同食。《晨风》《鹿鸣》非为父子兄弟而咏也，而感发若是！虽谓三百篇皆忠孝之什可也。

《论语》原典·伯鱼章

子谓伯鱼曰："女为《周南》《召南》矣乎？人而不为《周南》《召南》，其犹正墙面而立也与？"

译文 孔子对儿子伯鱼说："你学习《周南》《召南》了吗？一个人如果不学习《周南》《召南》，就像是面对墙壁站立吧？"

♡ 张岱

朋友圈纵横谈（ 📖 为原文）

张岱

孔子告诉伯鱼要学《诗经》，特别要学习"二南"。因为"二南"这些诗，包括了家庭妇女的喜怒哀乐，侧重于教化的开始。学"二南"，是用自身去践行道；自身不践行道，也不能对妻子儿女行道，所以说"面墙"。

📖 《诗》则诏以"学"，而"二南"则诏以"为"。盖"二南"之诗，家庭妇女，颦笑哀乐，主化之始也。"为"之者，以身行道也；身不行道，不能行于妻子，故曰"面墙"。

《论语》原典·礼乐章

子曰："礼云礼云，玉帛云乎哉？乐云乐云，钟鼓云乎哉？"

译文　孔子说："说礼呀礼呀，难道说的只是玉帛之类的礼器吗？说乐呀乐呀，难道说的只是钟鼓之类的乐器吗？"

♡ 张岱　冯厚斋

朋友圈纵横谈（为原文）

张岱

礼有败坏的时候，所以才能成为礼；乐有崩坏的时候，所以才能成为乐。从这里来思考，礼不在玉帛上而乐不在钟鼓上的道理，更加明确了。

礼有时而坏，乃所以为礼；乐有时而崩，乃所以为乐。由是以思，礼不在玉帛，而乐不在钟鼓也，益明矣。

 冯厚斋

"云"而又"云"，是人们所常说的。"乎哉"，是怀疑而反问的词语。

冯厚斋曰："云"而复"云"者，谓人所常言也。"乎哉"，疑而反之之词。

《论语》原典·色厉章

子曰："色厉而内荏，譬诸小人，其犹穿窬之盗也与？"

译文 孔子说："外表严厉而内心软弱，用小人作比喻，就像是穿墙挖洞的小偷吧？"

♡ 张岱

朋友圈纵横谈（▮ 为原文）

张岱

有人问："色厉而内荏"为什么比喻成"穿窬"呢？答案是："因为他的意图就是要向别人隐瞒，所以他的内心一直怕人知道，就像做贼一样。"

▮ 问："色厉而内荏"何以比之"穿窬"？曰："为他意只要瞒人，故其心常怕人知，如做贼然。"

 ### 王安石

这是有针对性的语言，说"譬诸小人"，那么色厉而内荏的就是当时的大人们。

▮ 王氏曰：此有为之言，曰"譬诸小人"，则指当时之大人也。

《论语》原典·乡愿章

子曰："乡愿，德之贼也。"

译文　孔子说："没有原则的老好人，就是破坏道德的人。"

♡　张岱　方孟旋

张岱讲《论语》·阳货第十七

朋友圈纵横谈（为原文）

方孟旋

> 贼，是说他偷窃。偷窃看似德的东西，来欺骗一个乡的人，所以说"贼"。
>
> 方孟旋曰：贼者，言其窃也。窃德之似，以欺一乡，故曰"贼"。

《论语》原典·道听章

子曰："道听而涂说，德之弃也。"

译文　孔子说："在路上听到传言就到处去说，就是自己放弃了道德。"

♡ 张岱

朋友圈纵横谈（为原文）

张岱

> 在路上听到的，不是用心听的，而是用耳听。在路上所说的，不是亲身体会的，而是用嘴巴说的。嘴巴耳朵不是自己的最终归宿，所以说"道""途"。弃

德之人就如同败家子,自己丢弃家中的财产。

谚语说"沿着山到处寻找野鸟,却完全忽视了屋里的老母鸡",从这句话可以想见"弃"字的含义。

▍道听者,不听以心,而以耳。涂说者,不体诸身,而以口。口耳不是家舍,故曰道途。弃者如败子,自弃其家私也。

谚曰"沿山寻野鸟,屋里不见哺鸡娘",可想"弃"字之义。

《论语》原典·鄙夫章

子曰:"鄙夫可与事君也与哉?其未得之也,患得之,既得之,患失之,苟患失之,无所不至矣。"

译文　孔子说:"可以和鄙夫一起侍奉君主吗?他在没有得到时,总担心得不到。已经得到了,又怕失去,如果他担心失去,那他就会无所不为。"

♡ 张岱

朋友圈纵横谈（为原文）

张岱

"鄙夫"的人品粗陋低劣，人们很容易忽视，以为让他们去侍奉君主，没有什么大害，最终导致君主国家败坏，无法挽救，这都是让鄙夫侍奉君主的人所导致的。这一章不是在责备鄙夫，而是在责备让鄙夫侍奉君主的人。后面两节，确实是痛骂鄙夫，也是骂给那些让鄙夫侍奉君主的人听的。

 "鄙夫"人品陋劣，人多忽之，以为与之事君，无甚大害，卒至君国败坏，不可救药，此皆与鄙夫者致之也。此章不是责鄙夫是责与鄙夫者。即下二节，实就鄙夫痛骂，也是骂与与鄙夫者听。

张岱

@苏轼对宋神宗说："我刚开始以为鄙夫担忧失去，不过就是占据某个职位苟且偷安。等看到李斯因为担心蒙恬夺取他的权力，就立秦二世为皇帝，最终导致秦国灭亡。卢杞因为担忧李怀光历数他的罪恶，就不仅导致泾原兵变，还勾结朱泚围攻奉天。他本来是担忧失去权位，造成的祸患却足以使国家灭亡。"这些可以作为本章的注脚。

 苏轼告神宗曰："臣始以为鄙夫之患失，不过备位以苟容。及观李斯忧蒙恬之夺其权，则立二世以亡秦。卢杞忧怀光之数其恶，则误德宗以再乱。其心本于患失，其祸乃至于丧邦。"可为此章注疏。

《论语》原典·三疾章

子曰："古者民有三疾，今也或是之亡也。古之狂也肆，今之狂也荡；古之矜也廉，今之矜也忿戾；古之愚也直，今之愚也诈而已矣。"

译文　孔子说："古人常见的有三种毛病，现在恐怕连这三种毛病也没有了。古代的狂者肆志不拘，而现在的狂者却是放荡不羁；古代骄傲者难以接近，而现在的骄傲者却是凶恶蛮横；古代愚笨者是直率，现在的愚笨者却是狡诈啊！"

♡　张岱　王观涛

朋友圈纵横谈（▨为原文）

王观涛

不仅仅是美德不如前人，即便是病患也不如前人。因为"肆""廉""直"，尚且是病患的直接体现，"荡""忿戾""诈"，就已经是病又并发出别的症候了。并发症是难以医治的，该怎么样去用针砭呢？

张岱讲《论语》·阳货第十七

> ▪ 王观涛曰：不特美德不如古，即疾亦不如古，有无限感慨。盖曰"肆"、曰"廉"、曰"直"，犹是本证，曰"荡"、曰"忿戾"、曰"诈"，则已变而为别候矣。变证难医，如何下得针砭？

《论语》原典·利口章

子曰："恶紫之夺朱也，恶郑声之乱雅乐也，恶利口之覆邦家者。"

译文　孔子说："我厌恶紫色取代红色，厌恶郑国的音乐扰乱雅乐，厌恶伶牙利齿的人颠覆了国家。"

♡ 张岱

朋友圈纵横谈（▪为原文）

张岱

> 不是邦国家族倾覆之后，才发现强嘴利舌之人的可恶，而总是一有强嘴利舌之人，就足以能够使邦国家族倾覆。正可以看出口舌之争的伤害，比刀兵还要惨烈。所以说"恶利口之覆邦家者"。
> 用两个"以"字，引导出一个"者"字，主次

697

很明显。

▋ 不是覆邦家之后,方见利口可恶;总之一有利口,即足以覆邦家。正见舌锋之害,惨于戈矛也。故曰"恶利口之覆邦家者"。

以二"也"字,叫一"者"字,主客了然。

《论语》原典·无言章

子曰:"予欲无言。"子贡曰:"子如不言,则小子何述焉?"子曰:"天何言哉?四时行焉,百物生焉,天何言哉?"

译文　孔子说:"我想不再说话了。"子贡说:"您如果不说话,那么我们这些弟子还怎么传述呢?"孔子说:"天什么时候说过话呢?四季不断运行,百物不断生长,天说了什么话呢?"

♡ 张岱

朋友圈纵横谈(▋为原文)

张岱

有人问"予欲无言""性、天不可得而闻"是怎么样的?答案是:"孔子确实是'无言',学习者确实是'无闻'。不要说圣人,即便是我们日常生活中,面对一些情境,精神有所触动,一旦有

张岱讲《论语》·阳货第十七

些心得,一定是无法描述的,急忙用笔写下来,就已经离本来所得相差十之六七了;因为它本来的意思,根本是无法用语言表达的。语言表达尚且不能,何况是听说呢?"

▌ 或问"予欲无言""性、天不可得而闻"如何?曰:"圣人实是'无言',学人实是'无闻'。无论圣人,即如吾人日用,光景相对,神情相触,一得于心,定是描画不得,急起疾书,已离所得本意十之六七矣;盖所得本意,原不可以言语传也。言且不得,况闻之耶?"

张岱

有人问余杭的政禅师:"你被称为禅师但是又不谈论禅理,为什么呢?"答曰:"谈论禅理只是白白浪费言语罢了。我懒惰,怎么会用这种曲折的方式呢?只是日日夜夜都烦请世间万象来演示禅理罢了。"言语是有隔阂的,而法是无尽的。所谓造化,确实是广大无边、无穷无尽的宝藏。

▌ 有问余杭政禅师曰:"师以禅名而不谈禅,何耶?"曰:"徒费言语。吾懒,宁假曲折?但日夜烦万象为敷演耳。"言语有间,而此法无尽。所谓造化无尽藏也。

《论语》原典·孺悲章

孺悲欲见孔子,孔子辞以疾。将命者出户,取瑟而歌,使人闻之。

译文　孺悲想拜见孔子,孔子以生病为理由推辞不见。传话的人刚出去,孔子就取来瑟一边弹一边唱,有意让人们听到。

♡　张岱

朋友圈纵横谈（▨ 为原文）

张岱

"取瑟而歌",是孔子用音乐歌声来施行教化。既然已经通过耳朵向他讲,又何必当面教导呢?风雨雷霆流动运行,众物显露而生长,无一不是天对人的教化。天哪里说话了呢!

▨ "取瑟而歌",是以声教也。既已耳提,何必面命?风霆流行,庶物露生,无非教也。天何言哉!

《论语》原典·短丧章

宰我问:"三年之丧,期已久矣。君子三年不为礼,礼必坏;三年不为乐,乐必崩。旧谷既没,新谷既升,钻燧改火,期可已矣。"子曰:"食夫稻,衣夫锦,于女安乎?"曰:"安。""女安,则为之。

夫君子之居丧，食旨不甘，闻乐不乐，居处不安，故不为也。今女安，则为之！"宰我出。子曰："予之不仁也！子生三年，然后免于父母之怀。夫三年之丧，天下之通丧也。予也有三年之爱于其父母乎？"

译文 宰我问："为父母守丧三年，时间太长了。君子三年不行礼仪，礼仪一定败坏；三年不作音乐，音乐就会荒废。旧谷吃完，新谷已收，钻燧取火的木头也都改了，一年的时间守丧就可以了。"孔子说："父母去世一年之后你就开始吃大米、穿锦衣，你能心安吗？"宰我说："能啊。"孔子说："你如果真能心安，就那样去做吧！君子守丧，吃东西不觉得香甜，听音乐不觉得快乐，住在日常的居室里不觉得舒服，所以不那样做。现在你既觉得心安，你就那样去做吧！"宰我出去后，孔子说："宰予真是不仁啊！小孩生下来三年，才能离开父母的怀抱。服丧三年，是天下通行的丧礼。宰予，对他的父母有三年之爱吗？"

♡ 张岱

朋友圈纵横谈（▇为原文）

张岱

　　孔夫子遇到不忠不孝的人，只用最真挚的情感来触动他，使他惭愧到浑身流汗。说到"三年，然后免于父母之怀"，真能使世上的孝子、逆子一起落泪。

　　▇夫子遇不忠不孝之人，只以至情上挑剔，使其通身汗下。言及"三年，然后免于父母之怀"，世间孝子、逆子一齐堕泪。

《四书遇》导读

《论语》原典·饱食章

子曰："饱食终日，无所用心，难矣哉！不有博弈者乎？为之，犹贤乎已。"

译文　孔子说："吃饱了饭，整天什么心思都不用，这真难了！不是有玩六博和下棋的吗？做这些也比什么都不做好。"

♡　张岱

朋友圈纵横谈（▮为原文）

张岱

　　心没有所用之处，就是放逸的心；心有所用之处，就是灵敏的心。放逸的心是昏聩懒散而放纵在外的；灵敏的心是活泼而收敛在内的。孔子说即便是下棋尚且是好的，其实也等于庄子所说的"挟册之羊"，是说用心于自己喜好的事情。

　　▮心无所用，便是放心；心有所用，便是灵心。放心昏散而外驰；灵心活泼而中敛。虽博弈之犹贤，亦犹挟册者之亡羊也。

《论语》原典·尚勇章

子路曰:"君子尚勇乎!"子曰:"君子义以为上。君子有勇而无义为乱,小人有勇而无义为盗。"

译文 子路说:"君子崇尚勇吗?"孔子回答:"君子是最看重义的。君子有勇但无义就将会作乱,小人有勇而无义就将会偷盗。"

♡ 张岱

朋友圈纵横谈(▋为原文)

张岱

勇和义是不能分割的,因为勇只能在见义必为处才能显现,如果舍弃义来谈论勇,就有至大至刚的正直气概和一时冲动而产生的勇气之不同。

▋勇与义分析不开,所为勇只在见义必为处见之,若舍义以言勇,便有正气、客气之分。

张岱

"尚"和"上"是不同的。说"尚",就有个人的意气、意愿在其中;说"上",就是宇宙间的事情没有比"义"更重要的了。这就是学问精微深刻的地方。

《四书遇》导读

> "尚"与"上"不同。曰"尚",便有以意气加人意;曰"上",则宇宙第一等事业,更无加于义之上者:此便是其学问精深处。

《论语》原典·有恶章

子贡曰:"君子亦有恶乎!"子曰:"有恶:恶称人之恶者,恶居下流而讪上者,恶勇而不礼者,恶果敢而窒者。"曰:"赐也亦有恶乎?""恶徼以为知者,恶不孙以为勇者,恶讦以为直者。"

译文　子贡说:"君子也有厌恶的人吗?"孔子说:"有的:厌恶经常宣扬别人坏处的人,厌恶身居下位而毁谤在上位者的人,厌恶勇敢而不懂礼节的人,厌恶坚决而又不通事理的人。"孔子又说:"赐,你也有厌恶的人吗?"子贡说:"厌恶抄袭别人的成绩而作为自己的知识的人,厌恶把不谦和当做勇敢的人,厌恶把揭发别人的隐私当作直率的人。"

♡ 张岱

朋友圈纵横谈(▨ 为原文)

张岱

> 君子褒扬善行涉及面宽,厌恶恶行涉及面窄,孔子所憎厌的是违反德的人,都是明显的恶;子贡

所厌恶的是扰乱德的人,都是隐藏的恶。圣人和贤人在此有微小的区别,所以他们所憎恶的,深浅也有所不同。

▇ 君子善善长而恶恶短,孔子所恶是悖德者,皆是阳恶,子贡所恶是乱德者,皆是阴恶。圣贤于此微分厚薄,故其所恶,深浅亦有不同。

张岱

不说"居下讪上"(地位低的人讥讽地位高的),而说"居下流而讪上"。是指品德卑劣、人格龌龊的人,不认为自己荒谬反而喜欢讥讽圣贤,所以可恶。

▇ 不曰"居下讪上",而曰"居下流而讪上"。是卑污龌龊之人,不揣背谬而好讥讪圣贤,是以可恶。

《论语》原典·难养章

子曰:"唯女子与小人为难养也,近之则不孙,远之则怨。"

译文 孔子说:"只有女子和小人是很难教养的,亲近他们,他们就会不恭顺,疏远他们,他们就会怨恨。"

♡ 张岱

朋友圈纵横谈（为原文）

张岱

> 女子和小人是单纯凭阴柔之气来做事，君子应该以光明正大的态度对待他们，不能够稍有厚此薄彼，导致争端开启。
>
> 女子小人纯是阴气用事，君子当待以正大光明，不得微分厚薄，便启衅端。

《论语》原典·见恶章

子曰："年四十而见恶焉，其终也已。"

译文　孔子说："人到了四十岁的时候还被人厌恶，恐怕就完了。"

♡　张岱

朋友圈纵横谈（为原文）

张岱

普通人四十岁称为"强仕"，因其心力正强而可出仕为官，圣人是四十岁而不迷惑，心不被外物所扰。年龄到了四十，心志的趋向大概已经确定了；"见恶"和"无闻"又是天差地别，所以说"其终也已"。

 凡人四十曰强仕，圣人四十而不惑，圣人四十不动心。年至四十，心志趋向大约定矣；"见恶"与"无闻"又相悬绝，故曰"其终也已"。

微子第十八

《论语》原典·三仁章

微子去之，箕子为之奴，比干谏而死。孔子曰："殷有三仁焉。"

译文　微子离开了纣王，箕子做了奴隶，比干因为进谏而被杀。孔子说："殷商有三位仁人啊！"

♡ 张岱　顾泾阳　王弇州

朋友圈纵横谈（▆为原文）

顾泾阳

有人"去"，有人为"奴"，有人"死"，都是一种心地，而各自按不同的方法去做。他们都是想方设法去感悟残暴无道、众叛亲离的统治者。

▆ 顾泾阳曰：或"去"，或"奴"，或"死"，总只一副心肠，各分头去做。凡皆多方设法为感悟独夫也。

王弇州

"去"，容易；为"奴"，难；"死"，更加难。"死"，而不违背仁，容易；为"奴"而不违背仁，难；"去"而不违背仁，更加难。

> 弇州曰:"去",易也;"奴",则难;"死",又难。"死",不倍仁,易;"奴",则难;"去",又难。

张岱

设身处地去想象当年情境,有无限的隐忍,无限的徘徊;不能够一味凭血气去做事,所以不说"忠",不说"义",而说"仁",正是说出了这三个人内心深处的心事。

> 就当年设身处地,无限隐忍,无限徘徊;自一味任血气不得,故不曰"忠",不曰"义",而曰"仁",正道着三子心窝里事。

《论语》原典·三黜章

柳下惠为士师,三黜。人曰:"子未可以去乎?"曰:"直道而事人,焉往而不三黜?枉道而事人,何必去父母之邦?"

译文 柳下惠当典狱官,三次被罢免。有人问:"你不能离开鲁国吗?"柳下惠说:"按正道侍奉君主,到哪里不会被多次罢官呢?如果想不合正道地去侍奉君主,又何必要离开自己的国家呢?"

♥ 张岱

朋友圈纵横谈（ 为原文）

张岱

> 由"士师三黜",可以知道柳下惠不肯杀人以取悦于人,宁愿被废弃罢官,也不想违背本心,所以说"三公不以易其介"。
>
> "士师三黜",知其不肯杀人媚人,宁甘废弃,不欲昧心,故曰"三公不以易其介"。

《论语》原典·季孟章

齐景公待孔子曰:"若季氏,则吾不能;以季、孟之间待之。"曰:"吾老矣,不能用也。"孔子行。

译文 齐景公讲到对孔子的待遇时说:"像鲁君对待季氏那样去对待孔子,我做不到;我用介于季氏和孟氏之间的待遇对待他。"又说:"我老了,不能用他了。"孔子就离开了齐国。

♡ 张岱

朋友圈纵横谈（▟ 为原文）

张岱

> 齐景公以鲁国对待季孙氏、孟孙氏之间的待遇对待孔子，正是指把尼溪之地封给孔子这件事情；是指田地俸禄，不是指礼遇的程度。说"吾老矣，不能用"，是因为晏子阻止齐景公用孔子。一个"老"字，有"河清难俟"的意思，就是指晏子说孔子之礼"莫不究殚胜举"的逸言。
>
> ▟ 以季、孟之间待之，正指尼溪之封一事；指田禄，非指礼遇也。曰"吾老矣，不能用"，则晏子之阻入矣。即一"老"字，有"河清难俟"意，即莫究莫殚之谗也。

《论语》原典·女乐章

齐人归女乐，季桓子受之，三日不朝，孔子行。

译文　齐国人赠送了一些歌舞伎给鲁国，季桓子接受了。鲁公三天不上朝，孔子就离开鲁国了。

♡ 张岱

朋友圈纵横谈（为原文）

张岱

孔子是由季桓子起用的，而孔子治理鲁国，正是要削弱季桓子的势力。季桓子忌惮孔子已经很久了。齐国人偷偷发现了季桓子的意图，就送给鲁国歌舞伎来阻止孔子治政。"三日不朝"，不是因为鲁国国君贪恋女色、纵情享乐，而是季桓子要借此断绝孔子的进谏之路。不然的话，孔子能够在会盟的坛台将小人赶下去，难道不能将一群歌舞伎赶出国门之外吗？记录者特地写明是季桓子接收了这群歌舞伎，让他和鲁国君主一起承担"三日不朝"的过错责任。

孔子之用由桓子，而孔子所以治鲁者，正欲弱桓子。桓子忌之久矣。齐人窥见此意，以女乐阻之。"三日不朝"，不是鲁君荒淫，正是桓子绝孔子谏路。不然，孔子能麾侏儒于坛坫之上，不能麾群婢于国门之外乎？记者特书季桓子受之，使与鲁君分过。

《四书遇》导读

《论语》原典·楚狂章

楚狂接舆歌而过孔子曰:"凤兮凤兮!何德之衰?往者不可谏,来者犹可追。已而!已而!今之从政者殆而!"孔子下,欲与之言。趋而辟之,不得与之言。

译文　楚国的狂人接舆唱着歌从孔子的车旁走过,他唱道:"凤凰啊,凤凰啊!你的德性怎么衰微了呢?过去的已经无可挽回,未来的还来得及改正。算了吧,算了吧!现在从政的人都很危险!"孔子下车,想同他谈谈。他却快步避开了,孔子没能和他交谈。

♡　张岱　艾千子

朋友圈纵横谈(▇ 为原文)

艾千子

这一类的题目都是《论语》中的大题目,士子认为科举考试不会出这道题而轻视了它。以凤来歌咏孔子,叹息孔夫子的过往,规劝孔夫子的将来,而慨叹当时的从政者,当时的诸侯、大夫和陪臣相互争斗、杀伐叛乱的祸患都在这一句话中说完了。这个楚国狂人,是一个能看清天下之事而静静观察天下之变的人,所以孔夫子和他说话,不仅仅是想挽留阻止他归隐。做这道题,应该用特别正大庄严的体例,特别通达天下之势的论述,才能配得上那个人，也才能配得上孔夫子急忙想要和他交谈的用心。

▮ 艾千子曰：此等题皆《论语》中大题，士子以科场不出小之耳。歌孔子以凤，惜夫子以已往，规夫子以将来，而慨今之从政者，则当时诸侯、大夫、陪臣争斗，杀乱之祸，皆在此一语尽之。此楚狂，盖识世务而静观天下之变者，故夫子与之言，非特欲挽其隐也。作此题者，当以极正大尊严之体，极通达时势之论，方称其人，方称夫子急欲与言之心耳。

《论语》原典·耦耕章

长沮、桀溺耦而耕，孔子过之，使子路问津焉。长沮曰："夫执舆者为谁？"子路曰："为孔丘。"曰："是鲁孔丘与？"曰："是也。"曰："是知津矣。"问于桀溺。桀溺曰："子为谁？"曰："为仲由。"曰："是鲁孔丘之徒与？"对曰："然。"曰："滔滔者天下皆是也，而谁以易之？且而与其从辟人之士也，岂若从辟世之士哉？"耰而不辍。子路行以告。夫子怃然曰："鸟兽不可与同群，吾非斯人之徒与而谁与？天下有道，丘不与易也。"

译文　长沮、桀溺在一起耕地，孔子路过，让子路去询问渡口在哪里。长沮问子路："那个拿着缰绳的是谁？"子路说："是孔丘。"长沮说；"是鲁国的孔丘吗？"子路说："是的。"长沮说："那他应该自己知道渡口的位置了。"子路再去问桀溺。桀溺说："你是谁？"子路说:"我是仲由。"桀溺说:"你是鲁国孔丘的弟子吗?"子路说:"是的。"桀溺说:"洪水滔滔,天下都是一样的,你跟谁一起去改变它呢?况且你与其跟着避开志趣不合者的孔丘,为什么不跟着我们这些躲避社会的人呢?"一边说一边不停地翻土平土。子路回来后把情况报告给孔子。孔子怅然地说:"人是不能与飞禽走兽合群共处的,我不同世上的人打交道还与谁打交道呢?如果天下有道,我就不会和你们一起来改革它了。"

♡ 张岱　顾泾阳　徐儆弦

朋友圈纵横谈（▮为原文）

顾泾阳

> 天下有一毫不能去做的,豪杰之士就不肯去动手;天下有一毫可以做的,圣贤世人就不肯放手不管。
>
> ▮ 顾泾阳曰:天下有一毫不可为,豪杰不肯犯手;天下有一毫可为,圣贤不肯放手。

徐儆弦

> "吾非斯人之徒与而谁与?"这句话,可以看出圣人包容、承担天下的气量。"天下有道,丘不与易"这句话,可以看出圣人扭转天下局势的权衡。

> 徐儆弦曰："吾非斯人之徒与而谁与？"见圣人容受天下之量。"天下有道，丘不与易"，见圣人斡旋天下之权。

《论语》原典·丈人章

子路从而后，遇丈人，以杖荷蓧。子路问曰："子见夫子乎？"丈人曰："四体不勤，五谷不分，孰为夫子？"植其杖而芸。子路拱而立。止子路宿，杀鸡为黍而食之，见其二子焉。明日，子路行以告。子曰："隐者也。"使子路反见之。至，则行矣。子路曰："不仕无义。长幼之节，不可废也；君臣之义，如之何其废之？欲洁其身，而乱大伦。君子之仕也，行其义也。道之不行，已知之矣。"

译文 子路跟随孔子出行，落在后面，遇到一个老者，用手杖挑着一个竹器。子路问道："您看到我的老师了吗？"老者说："四肢不勤劳，五谷还未能分辨，谁是老师呀？"说完就把手杖插到地上，开始除草。子路拱着手恭敬地站在一旁。老者留子路到他家住宿，杀了鸡，做了小米饭给子路吃，又叫两个儿子出来与他见面。第二天，子路赶上孔子，把这件事告诉了他。孔子说："这是个隐士啊。"让子路回去再看看他。子路到了那里，老者已经走了。子路说："不出仕，是不对的。长幼间的秩序是不能够废弃的；君臣间的道义又怎么能废弃呢？想要自身清白，却破坏了根本的伦理关系。君子出仕，只是为了践行道义。至于道的行不通，君子早就知道了。"

♡ 张岱

朋友圈纵横谈（▨为原文）

张岱

> 春秋时期的人都把为官看作功名利禄的聚集，所以一时间品德高尚之人就对官场死心而选择隐居避世；圣人贤人提出大纲常理，来唤醒荷蓧丈人这样的人。如果为官之人都选择隐居，那便宜了多少气量狭小的人啊！一定要君子去做官，才算是行义事，这是圣人为天下的正人君子从高处指明道路。
>
> ▨ 春秋时人皆看仕为功名之会，故一时高士死心避世；圣贤提出大纲常来，唤醒丈人辈。若仕皆行义，便宜多少斗筲之人！必君子之仕，乃为行义，此是圣人为天下正人君子高立地步也。

《论语》原典·逸民章

逸民：伯夷、叔齐、虞仲、夷逸、朱张、柳下惠、少连。子曰："不降其志，不辱其身，伯夷、叔齐与！"谓："柳下惠、少连，降志辱身矣，言中伦，行中虑，其斯而已矣。"谓"虞仲、夷逸，隐居放言，身中清，废中权。我则异于是，无可无不可。"

译文　逸民有伯夷、叔齐、虞仲、夷逸、朱张、柳下惠、少连。孔子说："坚守自己志向不屈服，保护自己不受玷污，这是伯夷叔齐吧。"说"柳下惠、少连是被迫降低自己的志向，玷污自己，但说话合乎伦理，行为合乎人心。"说："虞仲、夷逸，过着隐居的生活，说着很随便的话。能洁身自爱，合乎权变地弃官。我同这些人不同，我是没有可以的，也没有不可以的。"

♡ 张岱　张侗初

朋友圈纵横谈（为原文）

 张侗初

　　隐逸之人是不同的，他们都是要离开世俗，离世而世依然在，世又怎么能离得了呢？圣人入世而离世，所以说"无可无不可"。

　　 张侗初曰：逸民不同，总是离世，离世世在，世何可离？圣人即世而离世，故曰"无可无不可"。

 张岱

　　夷，是姓，逸，是名，是晋献公的后裔。有人劝他当官，他说："我将自己比喻成牛，我宁愿脖子上套着曲木在田野耕地，也不愿意披着华丽的装饰在宗庙里做祭品。"

　　 夷，姓，逸，名，诡诸之裔也。或劝之仕，逸曰："吾譬则牛也，宁服轭以耕于野，不愿被绣入庙而为牺。"

张岱

《荀子》说:"那些大儒,即便是隐居在僻陋狭小的住处,那些王孙公子也无法和他们齐名。他的言行合乎礼义,做事果断,处理危机,应付突发事件能够恰到好处;他能随着时代的变化而变化,不管外界怎样变化,他的道术是始终如一的,这就是大儒的典范。他穷困失意时,庸俗的儒生都耻笑他;当他显达的时候,英雄豪杰都被他感化。在他显达时,就官运亨通,就能够统一天下;在他处于困境时,就能独树高声,即使夏桀、盗跖的时代也不能玷污他。孔子、子弓就是这样的人。"朱张,字子弓。

▌《荀子》曰:"彼大儒者,虽隐于穷阎陋屋,而王公不能与之争名,其言有类,其行有礼,其举事无悔,其持险、应变曲当;与时迁徙,其道一也。其穷也,俗儒笑之;其通也,英杰化之。通则一天下,穷则独立功名,桀跖之世不能污,仲尼、子弓是也。"朱张字子弓。

张岱

《礼记·杂记》载:孔子说"少连大连,在居丧上做得非常好,三天不怠倦,三月不松懈,一年期间哀伤,三年期间忧伤,是东夷人的儿子"是说他们出生在蛮夷之地却懂得礼仪。

虞仲位列伯夷叔齐之后,可以知道他不是仲雍;况且仲雍其实是吴国的君主,哪里是什么隐逸之人呢?

《杂记》曰:孔子曰"少连大连,善居丧,三日不怠,三月不解,期年哀,三年忧,东夷之子也"言其生于夷狄而知礼也。

虞仲次夷齐之后,知其非仲雍也;且仲雍实君吴,何逸民之有?

《论语》原典·师挚章

大师挚适齐,亚饭干适楚,三饭缭适蔡,四饭缺适秦,鼓方叔入于河、播鼗武入于汉,少师阳、击磬襄入于海。

译文　鲁国的乐师四处流散,太师挚到齐国去了,亚饭干到楚国去了,三饭缭到蔡国去了,四饭缺到秦国去了,打鼓的方叔到了黄河边,摇小鼓的武到了汉水边,少师阳和击磬的襄到了海滨。

♡ 张岱

朋友圈纵横谈（ 📖 为原文）

张岱

> 不是他们官职的罪过，所以记述他们的职位；不是他们本人的罪过，所以记述他们的名字；不是他们心中没有鲁国，所以记述他们所去的地方。
>
> 📖 非其官之罪也，故书其职；非其人之罪也，故书其名；非其心之亡鲁也，故书其地。

《论语》原典·周公章

周公谓鲁公曰："君子不施其亲，不使大臣怨乎不以。故旧无大故，则不弃也。无求备于一人！"

译文　周公对鲁公说："君子不遗弃他的亲属，不使大臣们抱怨不被任用。旧友老臣没有大的过错，就不要抛弃他们。不要对任何一个人求全责备。"

♡ 张岱

朋友圈纵横谈（ ▓ 为原文）

张岱

> 以培养人来立论，厚待有血缘关系的臣子，重用大臣，保护历代有功勋的旧臣，器重使用所有的臣子，是周公治理鲁国的传家之法。等到鲁国国势逐渐衰微，"不施""不弃"这些话在哪里呢？所以记录者这样追述这些话。如果这些话确实是从周公口中说出的，和《鲁论语》有什么关系呢？
>
> ▓ 以树人立论，厚亲臣，用大臣，保世臣，器使群臣，周公治鲁之家法也。至鲁事日非，所谓"不施""不弃"等语安在哉？故记者追述之如此。若实就周公口中说，与《鲁论》何与？

《论语》原典·八士章

周有八士：伯达、伯适、仲突、仲忽、叔夜、叔夏、季随、季骃。

译文　周代有八位才德之士：伯达、伯适、仲突、仲忽、叔夜、叔夏、季随、季骃。

♡　张岱　饶鲁

朋友圈纵横谈（▰ 为原文）

饶鲁

这八位才德之士，四胎都是孪生兄弟，固然奇异；而八个儿子都是贤能之士，更加奇异。所以孔子对此赞叹，可见周朝气数的旺盛。

▰ 双峰饶氏曰：四乳皆双生，固为异事；八子皆贤，尤异事也。故孔子称之，可见周氏气数之盛。

张岱

三个仁者离开，而殷商灭亡化为废墟，八名贤士出现，而周朝兴盛，这特别能看出商朝灭亡周朝兴起的原因。

八名贤士姓南宫：周武王命令分发巨桥（商纣王的粮仓）里的粟米，就是南宫伯适去做的。南宫伯达，就是受命去铸造洛邑之鼎的人。

▰ 三仁去而殷墟，八士生而周炽，此特见商周兴废之故。

八士姓南宫氏：武王命发巨桥之粟，所谓南宫伯适者是也。伯达则命铸洛邑之鼎者是。

【子张第十九】

《论语》原典·致命章

子张曰:"士见危致命,见得思义,祭思敬,丧思哀,其可已矣。"

译文 子张说:"士人如果遇见危难时能献出生命,看见有利可得时能考虑到义,祭祀时能考虑到恭敬,居丧的时候能考虑到哀伤,那也算可以了。"

♡ 张岱 真西山

朋友圈纵横谈(▰为原文)

真西山

"义""敬""哀",都说考虑到,只有"致命"没有说考虑到,这是因为在生死关头只有义可依从,不用等着思考之后才决定。

▰真西山曰:"义""敬""哀",皆言思,"致命"独不言思者,死生之际,惟义是徇,有不待思而决也。

《论语》原典·执德章

子张曰:"执德不弘,信道不笃,焉能为有?焉能为亡?"

译文　子张说:"持守德格局却不广大,信仰道却不笃实坚定,这样的人怎么能说他有德,又怎么说他没有德?"

♡　张岱

朋友圈纵横谈(▰ 为原文)

张岱

人们不知道"执德"也就罢了,既然已经"执德"却又格局不大;不知道"信道"也就罢了,既然已经"信道"却又不坚定笃实。是因为他的心一味地虚伪掩饰,行事左右摇摆,怎么能说他是世上信奉道德或不信奉道德之人呢。

▰ 人不知"执德"则可,既"执德"矣而又"不弘";不知"信道"则可,既"信道"矣而又"不笃"。盖其心一味虚矫,游移用事,焉能为世界有无之人。

张岱讲《论语》·子张第十九

《论语》原典·问交章

子夏之门人问交于子张。子张曰:"子夏云何?"对曰:"子夏曰:'可者与之,其不可者拒之。'"子张曰:"异乎吾所闻:君子尊贤而容众,嘉善而矜不能。我之大贤与,于人何所不容?我之不贤与,人将拒我,如之何其拒人也?"

译文 子夏的学生请教子张交友之道。子张说:"子夏是怎么说的?"答曰:"子夏说:'可以相交的就和他交朋友,不可以相交的就拒绝他。'"子张说:"我所听到的和他说的不一样:君子既尊重贤人,又能容纳众人;能够赞美善人,又能同情能力不够的人。如果我是个很贤良的人,那我对别人有什么不能容纳的呢?如果我不贤良,别人就会拒绝我,我又怎么能拒绝别人呢?"

♡ 张岱 王阳明

朋友圈纵横谈(▮为原文)

王阳明

子夏所说的是初为学之时的交友之道,子张所说的是学有所成后的交友之道,如果善加运用,他们二人所说的都没有毛病。

▮ 王阳明曰:子夏所言是初学之交,子张所言是成人之交,若善用之,亦皆无弊。

《论语》原典·小道章

子夏曰:"虽小道,必有可观者焉,致远恐泥,是以君子不为也。"

译文　子夏说:"即便是小道,也一定有可取之处,但要通过它来到达远处,恐怕就行不通了,所以君子不走那些小道。"

♡ 张岱

朋友圈纵横谈(▰为原文)

张岱

> 　　道本来就是没有两种,通达于它就是大道,拘泥于它就是小道。通达于技艺的人,即便弹琴、下棋、射箭、驾车也是精微之道;拘泥于技艺之人,即便是为农、为圃、为巫、为医也是末流技艺。子夏担心人们拘泥于技能,最终变成浅陋之学,所以特意告诉人们"不为",这都是子夏忠实地遵守为学之道的见解。
>
> 　　▰道无二道,通之则为大道,泥之则为小道,通之者,即琴、棋、射、御皆彻精微;泥之者,即农、圃、巫、医总成末艺。子夏恐人拘泥技能,终成曲学,故特诏人以"不为",总是子夏笃守之见。

《论语》原典·好学章

子夏曰:"日知其所亡,月无忘其能,可谓好学也已矣。"

译文 子夏说:"每天能学到一些过去所不知道的,每月都不忘记已经学到的,就可以称之为好学了。"

♡ 张岱 苏子瞻

朋友圈纵横谈(▨ 为原文)

 苏子瞻

> 古时候的学者,他自己不懂的东西和自己懂得的东西,都能够列出来并且每日每月都能够清楚了解。现在的学者,他们所不懂的东西是什么,他们所懂的又是什么呢?
>
> ▨ 苏子瞻曰:古之学者,其所亡与其所能,皆可以一二数而日月见也。如今世之学,其所亡者果何物,而所能者果何事与?

《论语》原典·博学章

子夏曰:"博学而笃志,切问而近思,仁在其中矣。"

译文　子夏说:"广泛学习而能够笃守志向,切近自身地提出疑问并思考与自身实际密切相关的事情,仁就在这里面了。"

♡　张岱　王宇泰　杨复所

朋友圈纵横谈（📖为原文）

王宇泰

> 游酢问"阴阳不测之谓神"是什么意思。程颐说:"你是选择难懂的东西问呢?还是起了疑惑之后才问的呢?"这个意思可以想见:从疑情上问,就是切近自身地问;从疑情上思考,就是切近自身地思考。
>
> 📖王宇泰曰:游定夫问阴阳不测之谓神。程子曰:"公是拣难的问?是疑后问?"此意可想:从疑情上问,即是切问;从疑情上思,即是近思。

杨复所

> "仁在其中",就像镜子中有花;暂且说所学的、所志的、所问的、所思的,是仁;接触到学的、接触到志的、接触到问的、接触到思的,也是仁;脱离学的、脱离志的、脱离问的、脱离思的,

同样也是仁。好好参悟它们，自然会有豁然开朗的时候。

📖 杨复所曰："仁在其中"，如镜中有花；且道所学、所志、所问、所思，是仁；即学、即志、即问、即思，是仁；离学、离志、离问、离思，是仁。参之参之，自有觌面相逢日子。

张岱

仁不是在外部寻找到的一个东西，就在我的内心，就像是修习养生术的人所说的龙虎内丹，都是我自身内部的东西，不在外部，所以说"仁在其中矣"。

📖 仁不是外面别寻一物，即在吾心，譬如修养家所谓龙虎铅汞，皆是我身内之物，非在外也，故曰"仁在其中矣"。

《论语》原典·居肆章

子夏曰："百工居肆以成其事，君子学以致其道。"

译文　子夏说："各行各业的工匠在作坊里来完成自己的事业，君子通过学习来获得道。"

♡　张岱　张洪阳　苏东坡

朋友圈纵横谈（▮为原文）

张洪阳

> 君子修养学问就如同工匠在作坊中一样，必须整日修行学习，一心都放在学问之上，一定要求得上达于道，不肯半途而废而白白浪费了时间，才是真正学道的君子。
>
> ▮张洪阳曰：君子为学就如居肆一般，必终日修习，一心在学问上，务求致乎道而后已，不肯半途而废，虚费了光阴，方是真实学道的君子。

苏东坡

> 道是可以"致"而无法求得的。什么"致"呢？孙武说："善于战斗的人把握主动权调动敌人，而不能被敌人调动。"有次第地求取它，而听任它自己到来，这是否就是所谓的"致"呢？
>
> ▮苏子瞻曰：道可致而不可求。何谓"致"？孙武曰："善战者致人，而不致于人。"循循求之，而听其自至，斯所谓"致"与？

《论语》原典·必文章

子夏曰:"小人之过也必文。"

译文　子夏说:"小人犯了过错一定会去掩饰。"

♡ 张岱

朋友圈纵横谈(▰为原文)

张岱

@陆九渊说:学者没有进步,只是喜欢自己胜过别人。古人只是知道错误就改正,见到正确的就向它靠拢;现在的人都坚持自己的意见,被别人说破就非常吃惊,想方设法地文过饰非,最终还是要说自己是正确的。因此学问之道日益卑下。

▰陆象山曰:学者不长进,只是好己胜。古人惟知过则改,见善则迁;今各执己见,被人点破便愕然,百计文饰,到底要说个是。以此日流于污下。

《论语》原典·三变章

子夏曰:"君子有三变:望之俨然,即之也温,听其言也厉。"

译文 子夏说:"君子有三变:远看他的样子很庄重,接近他又觉得温和可亲,听他说话,语言又坚定确切。"

♡ 张岱 罗近溪

朋友圈纵横谈(▆ 为原文)

罗近溪

君子的心中具备中和之理,他的容色、外貌、语言、态度,都是心之本体的外在表露。从观察者的角度来看,君子在不同的情境下都能做得恰到好处,所以说他是"变"的。其实君子只是没有改变他的常道。

▆ 罗近溪曰:君子一心备中和之理,其容貌词气之常,皆是心体流行。自观者见其各中其节,故言变。其实君子只是不失其常。

《论语》原典·劳谏章

子夏曰:"君子信而后劳其民,未信则以为厉己也。信而后谏,未信则以为谤己也。"

译文 子夏说:"君子等民众信任他之后才去劳使他们,否则民众就会以为是在加害他们。等取得君主信任之后再去规劝他,否则,君主就会以为是在诽谤他。"

♡ 张岱

朋友圈纵横谈(▇为原文)

张岱

子夏将"信"放在"劳"和"谏"之前,都是在于用精诚来感化他们,说到"谤"和"厉",不是让人逃避"劳"和"谏",而正是让人知道"信"是刻不容缓的。

▇ 按"信"在未"劳"、未"谏"之先,全在一段精诚感格上,说到"谤""厉"处,不是避"劳"与"谏",正见"信"之不可缓耳。

《论语》原典·大德章

子夏曰:"大德不逾闲,小德出入可也。"

译文 子夏说:"人的德行,在大节上不能逾越界限,小节上有些出入是可以的。"

♡ 张岱 黄勉斋

朋友圈纵横谈(▊为原文)

黄勉斋

> 子夏只是让人要看重大的节义,说如果能够先将大义建立起来,那么小节方面即便有一些不恰当也可以忽略不计,大节怎么能够有差池呢?"小德出入可也",是强调不能不致力于建立大德,也是为了说明"大德"之不可"逾闲"。
>
> ▊黄勉斋曰:子夏只要归重大节,言若能先立乎大,则小者便出入些亦不计较,若大节如何可出入得?"小德出入可也",甚言不可以不务其大,正形容"大德"不可"逾闲"。

张岱讲《论语》·子张第十九

《论语》原典·洒扫章

子游曰:"子夏之门人小子,当洒扫应对进退,则可矣,抑末也。本之则无,如之何?"子夏闻之,曰:"噫!言游过矣!君子之道,孰先传焉,孰后倦焉?譬诸草木,区以别矣。君子之道,焉可诬也?有始有卒者,其惟圣人乎!"

译文 子游说:"子夏的学生,做一些洒水扫地、语言应对和迎送客人的事情,就可以了,但这些不过是细枝末节,根本的东西却没有学到,这怎么行呢?"子夏听到了,说:"唉,子游错了。君子之道,哪些先进行传授,哪些放在后面因为厌倦而不传授了呢?用草木来作譬喻,草木也都有大小类别的不同。君子之道,怎么可以随意歪曲,欺骗他人呢?至于有始有终,深浅大小都学通了的,恐怕只有圣人吧!"

♡ 张岱 杨复所

朋友圈纵横谈(▇ 为原文)

张岱

"洒扫应对",就是形而上者,以什么为开始,以什么为结束,是区分本末先后的。但是这些东西对于圣人来说,就是所谓研究事物精义达到神妙的境地;对于弟子们来说,就是所谓的作为基本常识的初级学问。所以@程子说:"只看其所以然是怎样的。"子夏、子游大概都没有理解"上学而上达"这句话,因为他们都是在语言、教人之法上寻求道,如果体认到了天性,那么本和末、先和后又有什么区别呢?

▍"洒扫应对",便是形而上者,何始何卒,而分本末先后,但在圣人即谓之精义入神;在门人小子,即谓之下学。故程子曰:"只看所以然如何。"子夏、子游多未曾明白下学而上达一句,只为他在语言教法上寻求耳,若认得天性,又何同异之有?

杨复所

本和末不是两根木;木的根就是本,木的枝就是末,所以"本末"这两个字的含义都是从木上来的。将一点放在"木"的下方,就成了"本"字;将一点放在"木"的上方,就成了"末"字。"区以别"就是明而白的意思,只需要去观察一下草木就能知道本末,是一还是二,自然就明白了。"君子之道"那几句话,都是说本末原本是一,有本就会有末,用以破除子游将二者分离的说法。

▍杨复所曰:本末原不是两木;根便是本,木枝便是末,故"本末"二字俱从木字生义;一点收藏在木之下,故成"本"字;一点发散在木之上,故成"末"字。"区以别"犹言明以白也,只看草木便知本末,是一是二,自明白矣。君子之道几句,总是说本末是一,有本便有末,以破子游支离之说。

《论语》原典·仕学章

子夏曰:"仕而优则学,学而优则仕。"

译文　子夏说:"做官而有余力的人,就可以去学道;学道有余力的人,就可以去入仕做官。"

♡　张岱　陈定宇

朋友圈纵横谈(▬为原文)

陈定宇

已经入仕的人,尚且不可以不为学,则可以知道尚未入仕的人,一定要学有余力而后才可以入仕。这一章的重点在"学"上,入仕不入仕只是为学成果的验证。

▬陈定宇曰:已仕者,尚不可不学,则知未仕者,必学优而后可仕矣。此章则重学上,仕不仕只是学之证验。

《论语》原典·致哀章

子游曰:"丧致乎哀则止。"

译文　子游说:"丧礼只要做到尽哀也就可以了。"

♡　张岱　崔子钟

朋友圈纵横谈（▮▮为原文）

崔子钟

> "致",是推而达到极致的意思。"丧致乎哀而止",是说达到了情感用尽的地步才停止。
>
> ▮崔子钟曰:"致",推而极之也。"丧致乎哀而止",言无所不用其情而后已。

《论语》原典·吾友章

子游曰:"吾友张也,为难能也,然而未仁。"

译文　子游说:"我的朋友子张,是一般人难以企及的了,然而还没有达到仁。"

♡　张岱

朋友圈纵横谈（为原文）

张岱

> 所有践行"仁"的人，都是在布帛、菽粟、饮食、日用之间践行的，本来就不用好高骛远；像子张那样的做法，确实是非常困难的，但是否符合"仁"我就不知道了。
>
> ▇ 凡为仁者，只在布帛、菽粟、饮食、日用之间，原不必好高骛远；若子张之所为，则可以为难矣，仁则吾不知也。

《论语》原典·并仁章

曾子曰："堂堂乎张也，难与并为仁矣。"

译文　曾子说："子张已经很高明了，只是仍然难以和他一起践行仁道。"

♡ 张岱

朋友圈纵横谈（▰ 为原文）

张岱

孔夫子评价子路说："仲由啊,到达厅堂了,还没有进入内室。"现在曾子评价子张说："堂堂"。"堂"字重复了两遍,是非常高明的意思;"难与为仁"也只是说他缺少了"入室"的功夫。

▰ 夫子目子路曰："由也,升堂矣,未入于室也。"今曾子目子张曰："堂堂"。"堂"而又复曰"堂",则高明极矣;"难与为仁"亦只少"入室"功夫。

《论语》原典·亲丧章

曾子曰："吾闻诸夫子:人未有自致者也,必也亲丧乎!"

译文　曾子说："我在老师那里听说：人不能自己极尽情感,（如果能,）一定是在遇到父母之丧的时候。"

♡ 张岱

朋友圈纵横谈（▇为原文）

张岱

一个"自"字就是血缘至亲的最深情感,自然而然,就是《中庸》所说的"不思而得,不勉而中(不经过思考就能得到,不用勉强就能做到)",也就是孟子所说的"不学而能,不虑而知(不学就能够做到,不思虑就能够知道。)"在此处能见到人性之善,在此处能见到天命之性。

▇ 一"自"字便是天亲至情,自然而然,即《中庸》所谓"不思而得,不勉而中",即孟子所谓"不学而能,不虑而知"。于此见性之善,于此见天命之性。

《论语》原典·孟庄章

曾子曰:"吾闻诸夫子;孟庄子之孝也,其他可能也;其不改父之臣与父之政,是难能也。"

译文 曾子说:"我在老师那里听说,孟庄子的孝,其他人也可以做到;但他不更换父亲所用之家臣及其所行之政治措施,是别人难以做到的。"

♡ 张岱

朋友圈纵横谈（▮为原文）

张岱

孟献子辅佐了三代君主，历时五十年，鲁国人称他为社稷之臣，那么他的家臣一定是贤能的，他的政令一定是合理的。孟庄子年少的时候就继承了父亲的官位，又跟季孙宿同朝为官；季孙宿的父亲季文子对鲁国公室非常忠诚，季孙宿却不能坚守父亲的做法。孟庄子则单单能够"不改父之臣与父之政"，这是践行父亲的公正忠诚而完成他没有完成的事业，不是谨小慎微、无所作为的人能够相提并论的。孔夫子赞许他，是很有深意的。

▮ 孟献子历相三君，五十年，鲁人谓之社稷之臣；则其臣必贤，其政必善。庄子年少嗣立，又与季孙宿同朝；宿父文子忠于公室，宿不能守而改之。庄子乃独能"不改父之臣与父之政"，则是体父公忠而成其未竟，非曲谨无为者等也。夫子嘉之，煞有深意。

《论语》原典·士师章

孟氏使阳肤为士师，问于曾子。曾子曰："上失其道，民散久矣。如得其情，则哀矜而勿喜！"

译文 孟氏任命阳肤做典狱官,阳肤向曾子请教。曾子说:"在上位的人偏离了正道,民众早就离心离德了。你如果在判狱时弄清了案件的实情,应当怜悯他们而不要自鸣得意。"

♡ 张岱　黄勉斋

朋友圈纵横谈(▇为原文)

黄勉斋

　　知道了实情而自鸣得意,那么过分苛刻之意可能会超出于律法之外,从而加重处罚;知道了实情而感到哀矜的人,他的恻隐之心会一直在法度之中反映出来。

　　▇黄勉斋曰:得情而喜,则太刻之意或溢于法之外;得情而矜者,则不忍之心常行于法之中。

张岱

　　听理讼狱的人,能够想到"上失其道,民散久矣",则自然会对人民有哀矜怜悯之情,不至于太过苛刻。这就像是烦热症中的一服清凉丸散。

　　▇听狱者,能想到"上失其道,民散久矣",则自然矜怜,不致苛刻。此是烦热症中一服清凉丸散。

《四书遇》导读

《论语》原典·纣恶章

子贡曰:"纣之不善,不如是之甚也。是以君子恶居下流,天下之恶皆归焉。"

译文 子贡说:"纣王的不善,并不像后世传说的那样严重。所以君子憎恶处在下流之地,使天下恶名声都归到自己身上。"

♡ 张岱 张元岵

朋友圈纵横谈(▨ 为原文)

张岱

我家先祖张杭说:"商纣王的昏庸无道达到极致了,只是因为他的恶是日积月累的,以至于最终恶贯满盈;就像是河川湖泊地势低洼,那么水都会流向那里;因此君子在开始的时候就非常谨慎。"

▨ 家南轩曰:"纣不道极矣,惟其日积月累,以至恶贯满盈;犹川泽居下,而众水归之;君子所以谨之于始也。"

张元岵

世人看《三国演义》的时候,只担心曹操不输,不知道是什么原因?

> 📖 张元岵曰：世人看《三国演义》，惟恐曹操不输，不知是何缘故？

《论语》原典·见过章

子贡曰："君子之过也，如日月之食焉。过也，人皆见之；更也，人皆仰之。"

译文　子贡说："君子的过错，就像是日食月食。他的过错，人们都看得见；他改正过错，人们都仰望着他。"

♡ 张岱

朋友圈纵横谈（📖为原文）

张岱

> 美玉不掩盖瑕疵，人们不会因为瑕疵而认为美玉比石头便宜；镜子不掩盖障蔽，人们不会因为障蔽而认为铁块比镜子贵。君子不掩饰自己的过失，人们不会因为过失而认为小人比君子高贵。君子的过失，是真实的；而小人的没有过失，是虚假的。
>
> 📖 玉不掩瑕，人不以瑕而贱玉于石；镜不掩翳，人不以翳而贵铁于镜。君子不掩过，人不以过而贵小人于君子。君子之过，真；而小人之无过，伪也。

《论语》原典·文武章

卫公孙朝问于子贡曰:"仲尼焉学?"子贡曰:"文、武之道,未坠于地,在人。贤者识其大者,不贤者识其小者,莫不有文武之道焉。夫子焉不学?而亦何常师之有?"

译文 卫国的公孙朝问子贡:"仲尼的学问是从哪里学来的?"子贡说:"周文王武王的大道,并没有坠落到地上,而是仍留在人们身上。贤能的人了解道之大本,不贤的人只了解道之末节,没有什么地方不存在文王武王之道。我们老师在哪里不学呢?而又何必要有固定的老师呢?"

♡ 张岱

朋友圈纵横谈(▮为原文)

张岱

文武之道没有坠落到地上,孔子只是遵从效法周文王、周武王之制,子贡却说他"焉不学""何常师",是形容圣人之学的圆满融通。

江水倒映出月亮而月在江上,盂中的水倒映月亮而月在盂中。月亮没有大小之分,不应该将月亮当作江水、盂水来看;贤和不贤的人对文武之道的不同认识也是如此。

> 文武之道未坠于地，仲尼只是宪章文武，子贡却说他"焉不学""何常师"，是形容圣学圆妙处。
>
> 江水印月而月在江，盂水受月而月在盂。盖月无大小，不应作江水盂水看；贤不贤之识亦如是。

《论语》原典·宫墙章

叔孙武叔语大夫于朝，曰："子贡贤于仲尼。"子服景伯以告子贡。子贡曰："譬之宫墙，赐之墙也及肩，窥见室家之好。夫子之墙数仞，不得其门而入，不见宗庙之美，百官之富。得其门者或寡矣。夫子之云，不亦宜乎！"

译文　叔孙武叔在朝堂上对大夫们说："子贡比仲尼更加贤能。"子服景伯把他说的话告诉了子贡。子贡说："用围墙来作比喻，我家的围墙只有齐肩高，从墙外能够看到房舍宅院的好。老师家的围墙却有几仞高，如果找不到门进去，就看不见里面宗庙的华美，房屋的富丽。能够找到门的人可能很少。叔孙武叔那么讲，也没什么奇怪的！"

♡ 张岱

朋友圈纵横谈（▨ 为原文）

张岱

孔子就相当于佛，子贡就相当于菩萨；佛只是清静无为，而菩萨则神通广大。外道人看到他的法力无边，不免会认为菩萨比佛还要厉害。武叔的看法也是如此。

▨ 孔子是佛，子贡是菩萨；佛惟清净无为，而菩萨则神通广大。外道见其龙象光明，未免认是菩萨胜佛。武叔之见亦是如此。

《论语》原典·日月章

叔孙武叔毁仲尼。子贡曰："无以为也！仲尼不可毁也。他人之贤者，丘陵也，犹可逾也；仲尼，日月也，无得而逾焉。人虽欲自绝，其何伤于日月乎？多见其不知量也。"

译文　叔孙武叔毁谤孔子。子贡说："这样做是没有用的！仲尼是不可毁谤的。别人的贤德，就像丘陵一样，还可跨越；仲尼的贤德，就像太阳和月亮一样，是无法跨越的。即便有人要向日月决绝，对日月又有什么伤害呢？只是显露这人的不自量力而已。"

♡ 张岱

朋友圈纵横谈（为原文）

张岱

"无以为也"，不是让他不要毁谤孔子，而是说他毁谤也没什么用。日月，是从高的角度来说的；"何伤于日月"，是从明的角度来说的。

《佛说四十二章经》说：恶人毁伤贤者，就像是仰头对着天空吐唾沫，唾沫吐不到天上去，还会对着自己落下来；迎着风撒灰尘，灰尘撒不到别人身上，还会落在自己身上。贤人是不能毁伤的，毁伤者一定会毁了自己。

▰ "无以为也"，不是教他不要毁，言毁亦无用。日月，以高言；"何伤于日月"，以明言。

《经》曰：恶人害贤，犹仰天而唾，唾不至天，还从己堕；迎风扬尘，尘不至彼，还坌己身。贤不可毁，毁必灭己。

《论语》原典·犹天章

陈子禽谓子贡曰："子为恭也，仲尼岂贤于子乎？"子贡曰："君子一言以为知，一言以为不知，言不可不慎也。夫子之不可及也，犹天之不可阶而升也。夫子之得邦家者，所谓立之斯立，道之斯行，绥之斯来，动之斯和。其生也荣，其死也哀。如之何其可及也？"

译文 陈子禽对子贡说:"你是谦逊了,仲尼怎么会比你更贤能呢?"子贡说:"君子的一句话就可以显示出他是智者,还是不智者,所以说话不可以不慎重。老师的高度不可企及的,就像天是没有阶梯可以爬上去的一样。老师如果得封国家而为诸侯或得到采邑而为卿大夫,那真是所说的教百姓立于礼,百姓就会立于礼,要引导百姓,百姓就会跟着走;安抚百姓,百姓就会归顺;动员百姓,百姓就会齐心协力。老师活着是荣耀的,死了是让人极其哀痛的。他怎么能被赶得上呢?"

♡ 张岱　袁了凡

朋友圈纵横谈（▇为原文）

袁了凡

前面说"不可及",后面说"如之何可及",正是发挥了前面的意思。神妙的教化是不可言说的,而列举一些感应现象来说明它,就如同尧的仁德是无法言说的,而只说他的功劳、事迹。

▇ 袁了凡曰：上言"不可及",下言"如之何可及",正发明上意。盖神化不可名而举感应言之,正如尧德不可名而止言成功文章也。

张岱

普通人确实不能够自立、自行、自来、自和,必须孔夫子来"立""道""绥""动"。活着的人,命脉都系在孔夫子身上。如果没有孔夫子,则万世都没有真正活着的人。全天下都为他的死而哀伤、为他的活而感到荣耀,这才能反映出孔子之得国家人民之心。

人实不能自立、自行、自来、自和,须夫子之"立""道""绥""动"。生人之命脉全系于夫子。无夫子,则万古无生人矣。合天下以为哀荣,方见夫子之得邦家处。

【尭曰第二十】

张岱讲《论语》·尧曰第二十

《论语》原典·尧曰章

尧曰:"咨!尔舜。天之历数在尔躬,允执其中。四海困穷,天禄永终。"舜亦以命禹。曰:"予小子履,敢用玄牡,敢昭告于皇皇后帝:有罪不敢赦。帝臣不蔽,简在帝心。朕躬有罪,无以万方;万方有罪,罪在朕躬。"周有大赉,善人是富。"虽有周亲,不如仁人。百姓有过,在予一人。"谨权量,审法度,修废官,四方之政行焉。兴灭国,继绝世,举逸民,天下之民归心焉。所重:民、食、丧、祭。宽则得众,信则民任焉,敏则有功,公则说。

译文　尧说:"唉!你这个舜!天的历数命运落在你的身上了。好好地掌握那中道吧!倘若天下百姓都困苦贫穷,上天赐给你的禄位也就会永远完结了。"舜也把这番话交代给禹。商汤遇大旱向天祈雨时说:"我这个小子履,谨用黑色的公牛来献祭,向伟大英明的天帝祈祷:有罪的人,我从不敢擅自赦免。那些贤人都是服从天帝之臣,我也不敢掩蔽,都由天帝的心来检阅、选择。若是我本人有罪,不要因此牵连万方百姓,若万方百姓有罪,请只降罪我一个人。"周武王得到上天的大恩赐,一时之间善人特别多。周武王说:"我虽然有至亲,不如有仁德之人。百姓有过错,都在我一人身上。"应该谨慎权衡,审察法度,修立已经废除了的旧官职,这样全国的政令就会通行了。复兴被灭亡了的国家,延续已经断绝了的世系,提拔隐逸的人才,天下百姓就会真心归服了。统治者应当重视的四件事:人民、饮食、丧礼、祭祀。他只要宽厚就能得到民众的拥戴,只要诚信就能得到民众的信任,只要勤勉力行就能取得成效,只要公正无私就会使民众心悦诚服。

♡　张岱　徐儆弦

朋友圈纵横谈（▮为原文）

徐儆弦

如此大的天下，尧舜进行托付时所嘱咐的话，只是三四句就结束了，没有别的可说了，这可以想到那个时候精神相投、宇宙清明宁静的情形。等到商汤讨伐夏桀的时候，就去向上请示天命，向下昭告诸侯，用了很多话语去说。然而也只是通过誓、告的形式来陈述。等到周武王讨伐商纣王的时候，就有了很多治理人心、扶持风教纲纪的事情，花费很多力气。这可以看出世道人心的变化，因此帝王需要随着时势的不同采取措施，繁琐或简要是如此之不同。像典、谟、训、诰这四种并没有记载下来，将它们缀在文后，可知治理之法总不会超出心法。

▮徐儆弦曰：许大天下，尧舜以之授；其所嘱付，只是三四言而止，又更无别说，此可想见当时精神契合，宇宙清宁之意。至汤伐桀，便去上请天命，下告诸侯，却费辞说。然亦陈之誓告而已。至武王伐纣，便有许多收拾人心，扶植风纪之事，却费气力。此见世道人心之变，帝王所以随时措置，其繁简之不一如此也。四者典、谟、训、诰所不载记者，缀之于后，见治法总不出心法之外。

《论语》原典·从政章

子张问于孔子曰:"何如斯可以从政矣?"子曰:"尊五美,屏四恶,斯可以从政矣。"子张曰:"何谓五美?"子曰:"君子惠而不费,劳而不怨,欲而不贪,泰而不骄,威而不猛。"子张曰:"何谓惠而不费?"子曰:"因民之所利而利之,斯不亦惠而不费乎?择可劳而劳之,又谁怨?欲仁而得仁,又焉贪?君子无众寡,无小大,无敢慢,斯不亦泰而不骄乎?君子正其衣冠,尊其瞻视,俨然人望而畏之,斯不亦威而不猛乎?"子张曰:"何谓四恶?"子曰:"不教而杀谓之虐;不戒视成谓之暴;慢令致期谓之贼;犹之与人也,出纳之吝谓之有司。"

译文　子张问孔子说:"怎样做才能够从事政治呢?"孔子说:"尊崇高五美,摒除四恶,就可以从事政治了。"子张问:"五美是什么?"孔子说:"在上位的君子要给百姓以恩惠而自己却无所耗费;役使百姓而不使他们怨恨;有欲望而不贪婪;庄重而不骄矜;有威严而不凶猛。"子张说:"怎样叫要给百姓以恩惠而自己却无所耗费呢?"孔子说:"借助能让百姓得利的事情而让他们得利,这不就是惠而不费嘛!选择可以役使百姓的时间和事情去役使他们,又有谁会怨恨呢?自己想要追求仁便得到了仁,又还有什么可贪的呢?君子对人,无论对方人数多寡,势力大小,都不怠慢他们,这不就是庄重而不骄矜吗?君子衣冠肃整,目不斜视,庄重得使人看到就生出敬畏之心,这不就是威严而不凶猛吗?"子张问:"什么是四恶呢?"孔子说:"不事先教化就加以杀戮叫做虐;不事先告诫就督查成绩叫做暴;不事先郑重申明就突然限期叫做贼,同样是要给人财物,却在出纳之际吝啬,那叫做管理部门的小官吏,而不是一个统治者。"

♡ 张岱

朋友圈纵横谈（ ▇ 为原文）

张岱

> "五美"是从道心上发挥作用，"四恶"是从人心上放纵。一"尊"一"屏"，法度戒律清清楚楚。将这一章放在讲述帝王之道的《尧曰章》后，可见治统和道统确实是有关联的。
>
> 对于"五美"用一个"尊"字，将它们奉若神明，行为的准则都从这里来。对于"四恶"用一个"屏"字，把它们当作毒草蛇蝎一样的东西，绝不让它们的危害加诸于人民。
>
> ▇ "五美"从道心上运用，"四恶"从人心上恣肆。一"尊"一"屏"，法戒昭然。叙此章于帝王之后，治统、道统确有渊源。
>
> "五美"下一"尊"字，奉若神明，著蔡必欲出乎身。"四恶"下一"屏"字，如荼毒蛇蝎，必不使加乎民。

《论语》原典·知命章

孔子曰："不知命，无以为君子也；不知礼，无以立也；不知言，无以知人也。"

译文 孔子说:"不知天命,就不能做君子;不知礼仪,就不能立身;不知别人的话语,就不能知人。"

♡ 张岱

朋友圈纵横谈(▰为原文)

张岱

　　三个"知"字是这一整章的关键,不一定要用"命"字来贯通。

　　"知命",不是把一切都交给气数,完全没有自我努力。古人哪怕刀锯在前,汤镬在后(刀锯汤镬均为刑具),也全然不去躲避。又说"知命"之人,不站立在将要倾塌的墙之下;犯罪受刑而死的,不是正常的命运。这里面审时度势的权宜大有学问;不是轻巧地说一个"知命",更不是说可以草率地成为一个君子。

　　▰ 三"知"字是通章关键,不必以"命"字贯。

　　"知命",不全然诿之气数,毫无斡旋。古人刀锯在前,汤镬在后,全无趋避。又说"知命"者,不立于岩墙之下;又说桎梏死者,非正命也。此中大有机宜,大有学问;不是轻轻说一"知命",亦不是草草成一君子。

张岱

《礼记·礼器》说:"礼,能使人消除邪念,增加美质。它对于人来说,就如同竹子有青皮,松柏有树心。"一个筠一个心,可以想出"立"字的含义。

应当知道"知人"不仅是辨识别人的人品,也正是验证自己的学问功力,所以是困难的。

▰《礼记》曰:"礼,释回,增美质,其在人也,如竹箭之有筠也、如松柏之有心也。"一筠一心,可想见"立"字之义。

要知"知人"处,不只是辨别人品,正是验自己学力,所以为难。